탈검찰 1호
어다공 본부장이 쓴 이민행정 리포트

ImmigrArt
이미그라트

차규근 지음

7만 명의
국민을 만든 사람의
우리 사회 미래 이야기

저출산 저출생의
국가소멸 위기에
대비하는 미래정책
전문가들의 필독서

5명의
법무부 장관이
강력 추천한 책

저출산·저출생의 심각한 위기 상황에서
이민정책은 새로운 활력소인가, 아니면 새로운 갈등의 불씨인가?

국가 소멸의 기로에 선
대한민국에 던지는 전 출입국외국인정책본부장의 질문

해피스토리
Happistory

content

1 ｜ 법무부 탈검찰의 의미와 필요성

시대변화에 맞는 정책적 상상력이 필요한 법무행정

2 ｜ 탈검찰 1호 국적난민과장
(2006. 6. ~ 2011. 5.)

'매국노' 소리를 들으며 낡은 틀을 깨고 미래를 미리 경험하다

3 │ 어다공 출입국·외국인정책본부장 (2017. 9. ~ 2021. 6.)

탈권위, 적극행정, 소통과 공존을 위한 부단한 고민

탈검찰, 미래와의 대화

필자가 이 글을 쓰게 된 이유는 다음과 같다.

첫째, 법무부 탈검찰화 정책의 의미와 성과에 대한 기록을 남기기 위함이다.

필자는 2006. 6. 참여정부가 법무부 탈검찰화 정책의 일환으로서 민간에 개방한 법무부 출입국관리국 국적난민과장직(계약기간 2년)에 탈검찰 1호로 임용되어 공직에 입문하였다. 그 후, 이명박 정부에서 근무기간이 1년씩 세 차례 연장되어 개방직 근무기간 상한인 5년 동안 근무한 다음 변호사를 하다가 문재인 정부가 다시 추진한 법무부 탈검찰화로 2017. 9. 법무부 출입국외국인정책본부장이 되어 두 번째 공직 생활을 하였다. 노무현 대통령은 공직자로 일할 기회를 주었고, 이명박 대통령은 일을 더 하게 하면서 마칠 때는 상을 주었고, 문재인 대통령은 더 큰 권한을 가진 공직자로 일할 기회를 준 셈이다.

법무부 탈검찰화 정책으로 과장직과 본부장직을 모두 경험한 사람은 필자가 유일하다. 비록 필자가 맡은 출입국·외국인업무가 검찰 관련 업무에 비하여 언론의 주목을 상대적으로 덜 받는 분야이기는 하지만 법무부 탈검찰화 차원에서는 나름대로의 의미가 있기 때문에 필자의 경험을 글로 남기는 것은 노무현 정부와 문재인 정부에서 공히 추진한 법무부 탈검찰화의 의미와 성과, 한계 그리고 향후 과제가 무엇인지 살펴보는데 필요하다고 생각하였다.

검찰의 관점에서 '법무부를 민변('민주사회를 위한 변호사모임') 출신이 장악하였다', '민변 코드인사다'라고 일방적으로 비난하면서 법무부 탈검찰화를 폄훼하는 분들에게 탈검찰화의 의미와 성과 등을 담담하게 전하고 싶었다.

둘째, 세상을 '우파, 좌파', '보수, 진보'의 이분법적으로만 바라보는 세계관에 문제제기를 하기 위함이다.

필자는 대학 1학년 때인 1986. 11. 처음으로 참가한 전두환 군사독재 정권 반대시위로 구속되어 재판을 받고 석방 후에는 정학 처분까지 받았는데, 이러한 경험은 필자의 인생경로에 큰 영향을 미쳤다. 사법시험을 준비할 때부터 합격하면 민변에 바로 가입하여 활동할 계획이었고 실제로 그렇게 하였다.

이명박 정부가 2008년 국가경쟁력강화위원회를 설치하여 중점적으로 추진한 국적법 개정작업에 실무책임자로서 참여한 필자는 2010년과 2011년에 법무부장관상, 보건복지부장관상, 병무청장상, 대한상공회의소 회장상 등 4개의 상을 받았다. 참여정부가 임용한 민변 출신 공무원이 '우파, 보수' 정부라는 이명박 정부로부터 일 잘했다고 상을 받은 것은 이분법적인 세계관을 가진 사람 입장에서는 쉽게 이해할 수 없는 일이다. 이주민·난민 지원 활동을 하는 민변 회원들로부터는 '실망이다'며 비판을 받기도 하였다.

그렇다면, 필자는 '좌파, 진보'인가 '우파, 보수'인가? 필자의 경험은 진영논리로 세상을 이분법적으로만 단순하게 보아서는 안 된다는 평범한 진리를 확인하는 사례라고 생각하였다. 공직에 진출한 '민변' 출신이 무슨 이념에 사로잡혀 편향적으로 공무수행을 하는 것이 아니라는 점도 보여주고 싶었다.

셋째, 우리 사회 일각에서 운동권 586세대(50대, 80년대 학번, 60년대생)를 무능한 집단으로 도매금 취급하는 것에 대한 문제제기를 하기 위함이다.

필자는 1987. 3. 집행유예로 석방된 후 전대협이나 학생회 등에 관여한 적이 없고 단지 경계선에서 소시민적인 고민만 계속 하였을 뿐이나, 통상적인 기준으로는 운동권 586세대에 속한다 할 것이다. 필자는 학창시절의 구속 경험을 후회하지 않으며, 오히려 전두환 군사독재 정권의 반민주주의적 행태를 가만히 보고 있지만은 않았다는 사실에 자부심을 가지고 있다.

그런데, 우리 사회 일각에서는 전두환 군사독재의 반민주주의적 행태에는 눈감고 단지 개인의 입신양명만을 위하여 일찌감치 고시 공부를 하거나 독재정권에 부역한 사람들이 필자가 속한 운동권 586세대 전체를 무능한 집단으로 일방적으로 매도하는 현상이 있다. 필자는 법무부에서 탈검찰 과장과 본부장으로 근무하면서 암울한 군사독재에 온 몸으로 항거하여 현재 우리가 향유하고 있는 민주주의를 쟁취해낸 운동권 586세대의 일원으로서 부끄럽지 않은 업무성과를 올리려 부단히 노력하였다. 그리하여, 운동권 586세대를 무능한 집단으로 일방적으로 매도하는 시각이 온당치 않음을 보여주고 싶었다.

넷째, 우리 사회에 많은 영향을 미치고 있고 앞으로 더욱 더 많은 영향을 미칠 수 있는 이민정책에 대한 균형감 있는 사회적 공론화를 하기 위함이다. 재판이 과거와의 대화라면 이민정책은 미래와의 대화다. 이미 2000년대 중반 이후부터 이민정책에 대한 논의는 무성하며 작금의 정부는 이민청까지 추진하고 있다.

그런데, 저출산·저출생(보통 부모 그중에서도 주로 모성의 관점과 문제인식이 반영된 '저출산' 표현만 사용되나, 필자는 태어난 후 겪게 될 입시지옥·폭등한 부동산값으로 인한 내 집 마련의 어려움 등 미래세대의 당사자로서의 관점과 문제인식을 담을 수 있는 '저출생' 표현을 함께 사용하는 것이 문제의 근본적인 원인을 파악·해결하는데 필요하다고 생각하여 '저출산·저출생'으로 표현함)으로 인한 경제인구 감소를 우려하는 보수·경제 미디어들은 '미꾸라지를 싱싱하게 만드는 메기' 이야기를 하면서 이주민을 '노동인력'으로 바라보는 관점에서 이민정책에 대한 논의를 주도하고 있고, 그 반대쪽 미디어는 '인간'으로서의 이주민에 대한 온정적 시각 일변도이다.

이주민들은 통상 사회적 약자이므로 이들에 대하여 휴머니즘적인 시선을 가지는 것은 필요하지만, 이들로 인하여 자신의 일자리를 빼앗기고 있고 임금도 올라가지 않는다고 불만을 표시하는 국민들의 목소리에 귀 기울이는 언론은 잘 보이지 않는다. 언젠가 통일이 될 때, 여전히 전통적인 의미의 단일 민족성을 유지하고 있을 북한과 그렇지 않을 우리가 과거에 공유하던 하나의 역사와 민족성을 어떻게 기억하면서 공유할 것인지 고민하는 모습도 잘 보이지 않는다.

이민정책은 단편적·평면적으로 다루면 봉합하기 어려운 새로운 사회갈등의 불씨가 될 수 있지만, 정교하고 입체적으로 다루면 저출산·저출생의 심각한 국가적 위기 상황에서 사회의 새로운 활력소가 될 수 있다. 전자는 난장(亂場)이지만, 후자는 예술(藝術)이다. 우리는 예술과 같은 이민정책을 추구하여야 한다. 이 책의 제목을 이미그레이션(Immigration)과 아트(Art)의 합성어인 이미그라트(ImmigrArt)로 지은 이유이기도 하다.

이런 상황에서 이주민 관련 정책 환경이 급변하는 시기에 5년간 국적난민과장, 3년 10개월간 출입국외국인정책본부장으로 근무한 필자의 경험에 기초한 문제인식과 고민이 우리의 미래에 큰 영향을 미치는 이민정책에 대한 균형감 있는 사회적 논의를 하는데 의미가 있을 것으로 생각하였다.

다섯째, 우리 사회의 출입국·외국인업무와 이주민에 대한 이해도를 높이기 위함이다. 필자가 국적난민과장으로 갔을 때인 2006년도에 지인들은 내 사무실이 인천공항 어디에 있냐고 물었다. 국적난민과가 소속된 '출입국관리국' 이라는 이름 때문에 필자의 사무실도 출입국심사를 하는 인천공항에 있는 것으로 생각했던 것이다. 출입국관리국은 체류외국인이 100만 명을 넘은 2007년도에 출입국외국인정책본부로 이름이 바뀌었는데, 그로부터 10년 후인 2017년도에 체류외국인은 200만 명이 넘었다. 갈수록 우리나라를 찾고 있는 외국인은 늘어나고 있고 이주의 시대에 국경과 체류외국인 관리업무를 하고 있는 출입국외국인정책본부의 역할은 더욱 커질 수밖에 없다.

이주민을 바라보는 관점은 우리 사회의 새로운 구성원이라기보다는 여전히 구인난을 해소해주는 노동력으로 바라보는 관점이 지배적이다. 이주민이 저출산·저출생 시대에 부족해지는 노동력 문제의 해결대책 중 하나로서의 의미가 분명히 있긴 하지만, 그럼에도 '인간'으로서의 이주민을 중심에 놓고 접근하지 않으면 최근 서구사회에서 목도되고 있는 기존 국민과 이주민 사이의 심각한 사회적 갈등이 우리나라에서도 발생할 수 있다. 그래서 외국인 의상자, 독립유공자 후손 중국동포, 모범귀화자, 이민자멘토 등 필자가 직접 경험한 '인간'으로서의 이주민에 대한 얘기를 전하는 것이 필요하다고 생각했다.

아무쪼록, 이 책이 우리 사회가 앞으로 더욱 더 중요해질 출입국·외국인업무와 다양한 이주민들에 대한 이해도를 높이는데 도움이 되기를 바라는 마음이다.

　이 책에는 필자가 본부장으로 재직 중일 때 발생한 '김학의 전 법무부차관 긴급출국금지 사건'에 대한 내용은 넣지 않았다. 1심에서 무죄가 선고되었고 하고 싶은 말도 많지만 재판이 아직 확정되지 않은 상황에서 글을 쓴다는 것은 적절치 않다고 생각했기 때문이다. 언젠가 그때가 오면 부패범죄 수사와 재판 역사에 길이 남을 긴급출국금지 사건에 대하여 독자 여러분께 별도로 말씀드리고자 한다.

미리 경험한 미래

답설야중거(踏雪野中去)와 피붙이 하소연

탈검찰 1호 국적난민과장

필자는 만 26세이던 1995년 사법연수원을 수료하고 민변 등 변호사 활동을 하던 중, 2006. 6. 참여정부의 법무부 탈검찰화 정책의 일환으로 민간에 개방된 법무부 국적난민과장(3급, 부이사관)으로 탈검찰 1호로 임용되었다.

그 이전 오랫동안 국적업무는 법무부 법무실에서 검사가 담당하였다. 그런데, 노무현 정부 초기에 시행한 정부부처 업무진단에서 국적업무는 그 성격상 외국인의 입국과 체류 업무를 하는 법무부 출입국관리국에서 수행하는 것이 바람직하다는 결론이 내려졌다. 하지만, 국적업무가 법무실에서 출입국관리국으로 이관된 것은 그로부터 2~3년이 지난 2006. 2.이었다.

정부부처 업무진단이 있었음에도 불구하고 법무부 법무실 검사들이 '출입국관리국에는 검사가 없어서 국적업무와 같이 중요한 업무를 감당하기 어렵다'고 하면서 국적업무를 내놓지 않았던 것이다. 검사들의 반대로 이관이 지연되던 국적업무는 결국 2006. 2. 3.자로 출입국관리국으로 이관되었고, 출입국관리국은 종전부터 수행하고 있던 난민업무를 국적업무와 결합하여 국적난민과를 신설하고 과장을 공개모집하였던 것이다.

당시 필자는 일본 문부성의 초청을 받아 일본 후쿠오카에 있는 큐슈대학교에서 국제관계법 석사과정을 이수하고 귀국을 앞두고 있었는데, 우연한 기회에 국적난민과장 채용 소식을 접하고 지원을 하게 되었다.

변호사 3~4년 차 때 대법원에 근무하던 어느 선배로부터 '법원에 올 생각이 없느냐'는 비공식 제안을 두어 번 받았을 때는 그 전부터 주어진 사건을 사후에 해석하고 심판하는 법관이라는 직업이 적성에 맞지 않는 것 같아 사양하였으나, 법무부의 국적과 난민 업무는 체류외국인이 점점 늘어나고 있는 시대상황에서 매우 역동적이고 미래지향적인 성격이 있다는 점에서 무척 흥미롭고 매력적으로 보였기에 주저하지 않고 지원하였다.

시기적으로도 필자가 국내에서 계속 변호사업무를 하고 있었다면 처리 중인 사건 정리 등의 문제로 쉽지 않았을 수도 있으나, 일본에 갈 때 이미 사무실을 정리하여 자유로운 상태였고 귀국을 몇 달 앞두고 있던 시점이었기 때문에 지원하는데 별다른 부담도 없었다. 2년의 계약기간도 적당해보였다. 다행히, 유력한 경쟁자가 없어 무난히 임용되었고 필자의 공직생활은 이렇게 시작되었다.

그 후, 이명박 정부가 들어선 직후인 2008. 5.로 필자의 계약기간은 만료가 되었으나 민변 출신인 필자의 근무평정이 그리 나쁘지 않았는지 계약기간은 1년 연장되었고, 그 후에도 두 번 더 1년씩 연장되어 필자는 개방직 근무기한 상한인 5년이 다 된 2011. 5.까지 근무하게 되었다.

2011년 개방직 근무기한상한을 다 채우고 다시 민간으로 돌아갈 때 필자는 5년 동안의 업무성과와 관련하여 법무부장관상 등 4개의 상을 받았다. 참여정부의 법무부 탈검찰화 정책으로 공직에 입문한 민변 출신 탈검찰 1호가 이명박정부와 경제단체로부터 상을 받은 것이었다.

미리 경험한 미래

필자는 2006년 공직에 입문할 때 '소극행정, 복지부동'을 하지 않으려고 굳게 다짐하였다. 그것이 3급 부이사관인 국적난민과장직을 민간에 개방한 취지라고 생각했다.

검사들이 출입국관리국을 불신하면서 국적업무 이관을 계속 지연시켰다는 것을 들었기 때문에, 민변 출신으로서 검사들보다 훨씬 더 잘 할 수 있다는 것을 보여주겠노라는 다짐도 하였다. 법무부 최초의 탈검찰 사례로 공직에 입문한 필자가 어떻게 하느냐에 따라 향후 다른 민간전문가에게 공직의 기회가 더 많이 주어지느냐 여부가 결정될 수 있다는 책임감도 느꼈다.

또한, 과장직을 수행하면서 수십 년 후의 우리 사회의 미래를 미리 경험한다고 생각했다. 새로운 국민이 되고자 하는 사람을 심사하여 우리 국적을 부여하는 것이 국적난민과장으로서의 업무였기 때문이다. 생물학적으로 새로운 국민을 만들지는 못하지만, 법적으로는 새로운 국민을 만드는 권한이 필자에게 있었다. 필자가 5년 동안 귀화 허가를 하여 새로이 만든 국민 숫자만 7만 명에 이른다. 한 번 국적을 부여하면 박탈하는 것이 불가능하기 때문에 엄정하게 국적 심사를 하였다.

난민업무 역시 매우 독특했다. 우리의 국제적 위상이 높아질수록 난민신청의 규모도 증가하였다. 인권의 문제이지만, 인권만의 문제도 아니었다. 외부에서 볼 때와 실제 과장직을 수행하면서 경험한 내용이 사뭇 다른 사례도 적지 않았다. 경제적 목적의 이주민과 난민 사이의 경계는 모호하였다. 우리 사회가 종전에 경험하지 못한 완전히 새롭고 복잡한 유형의 이슈가 점점 더 커지고 있다는 것을 느꼈다. 필자가 어떻게 하느냐에 따라서 수십 년 후의 우리 사회의 미래 모습이 달라질 수 있다는 막중한 책임감을 느꼈다.

필자는 어느 날 우연히 접한 한시에서 탈검찰 1호 국적난민과장으로서 가지고 있던 책임감을 다시 한 번 느낄 수 있었고, 사무실 한쪽 벽에 그 한시를 붙여 놓고 수시로 보면서 초심을 잃지 않으려고 노력하였다. 그것은 미지의 길을 앞서 걸어가는 사람의 무거운 책임감을 설파한 서산대사의 한시였다.

踏雪野中去(답설야중거)　　눈 덮인 들판을 걸어갈 때
不須胡亂行(불수호란행)　　어지러이 함부로 가지 마라
今日我行蹟(금일아행적)　　오늘 내가 걸어가는 자취는
遂作後人程(수작후인정)　　뒷사람의 이정표가 되리리

어다공 출입국·외국인정책본부장

출입국외국인정책본부장직은 2007. 5. 신설되었다. 그 전까지는 출입국관리국장이었으나 체류외국인의 증가 및 관련 업무의 중요성을 고려하여 국장 직위가 본부장 직위로 승격된 것이다. 당시는 참여정부였기 때문에 검사장이 아닌 추규호 전 외교부 대변인(나중에 주영대사, 주교황청대사 역임)이 초대 본부장으로 왔으나, 이명박 정부가 들어서면서 부터는 검사장이 본부장으로 왔다.

2017. 5. 문재인 정부가 출범하면서 다시 법무부 탈검찰화가 추진되었고, 검사장이 맡고 있던 법무실장, 출입국외국인정책본부장 등도 그 대상이 되었다. 과거 5년 동안 국적난민과장직을 무난히 수행한 것이 좋은 평가를 받아서인지, 2017. 9. 4. 필자는 경력채용으로 출입국외국인정책본부장으로 부임하게 되었다. 처음부터 공무원인 사람을 '늘공'(늘상 공무원), 민간에서 활동하다가 공무원이 된 사람을 '어공'(어쩌다 공무원)이라 부르는데, 필자는 '어공'이었다가 민간에서 활동하던 중 다시 공무원이 된 케이스였기 때문에 '어다공'(어쩌다 다시 공무원)이라 할 수 있겠다.

필자는 과거 과장으로 근무를 시작할 때처럼 본부장으로 근무를 시작할 때도 검사장 본부장들과 확연히 비교되는 성과를 보여주겠

노라는 다짐을 하였다. 그것이 고위공무원 가급 고위직인 출입국외국인정책본부장직을 민간전문가에게 개방한 취지에 맞으며, 참여정부 시절부터 추진해왔던 탈검찰화 정책이 제대로 평가받을 수 있는 길이라고 생각했다.

과장 때는 국적과 난민 업무에 국한하여 미래를 경험하였으나, 본부장 때는 과장 때와 비교할 수 없을 정도로 넓은 분야에 걸쳐서 우리 사회의 미래를 미리 경험하고 치밀하게 준비해 나가는 귀중한 나날의 연속이었다.

과장 시절에 서산대사의 '踏雪野中去(답설야중거)' 한시를 공직생활의 좌우명으로 삼았다면 본부장으로 근무할 때 공직생활의 좌우명으로 삼은 것은 문재인 대통령이 국무회의에서 하신 말씀이었다.

2019. 1. 경 문재인 대통령께서 국무회의에서 공직자가 가져야 할 마음가짐에 대하여 훈시하신 내용에 크게 공감하여 기사를 스크랩하여 업무용 테이블 투명유리 밑에 끼워놓고 항상 유념하면서 업무를 보았는데, '국민 목소리, 피붙이 하소연처럼 경청하라'라는 내용의 기사였다.

문 대통령 "국민 목소리, 피붙이 하소연처럼 경청하라"

'현장·소통' 강조한 새해 첫 국무회의

문재인 대통령이 8일 새해 첫 국무회의에서 현장 국민의 목소리를 "피붙이의 하소연인 양 경청하라"며 '현장과 소통'을 화두로 제시했다. 또 문 대통령은 가짜뉴스에 대한 단호한 초기 대응을 주문하면서 부처별로 소통·홍보 전담 창구를 마련하라고 지시했다.

문 대통령은 이날 청와대에서 한 국무회의에서 "부처 장관들은 자신과 부처의 이름을 내건 브랜드 정책을 책임 있게 추진해서 국민께 성과로 제시할 수 있어야 한다"고 밝혔다. 특히 강조할 점은 보고서상의 성과가 아니라 국민이 경제활동과 일상의 삶 속에서 체감한

"국민 체감 성과 위해 현장서 답 찾길"
가짜뉴스 신속·단호한 대응 강조
"부처별 소통·홍보창구 마련하라"

고 고개를 끄덕일 수 있는 성과가 되어야 한다는 것"이라며 "그러기 위해 현장에서 답을 찾아주길 바란다"고 말했다. 그는 "1기 경제팀은 무엇을 할 것인가를 설정하고, 2기 경제팀은 어떻게 할 것인가에 집중해야 한다"며 "그 방법 역시 부처 내 보고서에만 있지 않을 것이고, 오히려 국민의 삶 속에, 현장 실무자들의 땀 속에, 정부의 도움을 호소하는 청년 창업자의 구겨진 수첩 속에 숨어 있을 수

있다고 했다.

특히 문 대통령은 "그들의 목소리를 피붙이의 하소연으로 양 경청해주시길 바란다"며 "정책마다 이해 집단의 목소리가 어떻게 다른지 반드시 확인하고, 어떻게 다른 입장을 조정할 수 있는지 현장에서 방안을 찾아주기 바란다"고 했다.

문 대통령은 국민과의 소통과 홍보도 강조했다. 그는 "국민 눈높이에서 편의를 설명하고 성과를 홍보하여 정책의 수용성을 높이는 데 못지않은 노력을 기울여야 한다"고 했다. 문 대통령은 지난달 31일 여당 지도부 초청 오찬에서도 국정 홍보와 소통에 관한 아쉬움을 내비친 적이 있다.

문 대통령은 또 가짜뉴스에 신속하고 단호하게 대응하라고 지시했다. 그는 "정부의 정책을 왜곡하고 폄훼하는 가짜뉴스 등의 허위정보가 제기될 때는 초기부터 국민께 적극적으로 설명해 오해를 풀어야 한다"며 "가짜뉴스를 조직적으로 유통하는 것에 대해서는 정부가 단호한 의지로 대처해야 할 것"이라고 말했다. 그러면서 "부처별로 전문성이 있는 소통, 홍보 전담 창구를 마련하라"고 지시했다. 문 대통령은 지난해 10월 국무회의에서 방송통신위원회가 중심이 돼 마련한 '범정부 허위조작정보 근절 대책'이 미흡하다며 보완 지시를 내린 바 있다.

성연철 기자

21

1

법무부 탈검찰의
의미와 필요성

시대변화에 맞는 정책적 상상력이 필요한 법무행정

법무부 탈검찰은 무엇이며, 왜 필요한 것일까?

법무부는 법무 업무를 하는 부처로서 법무실, 검찰국, 기획조정실, 교정본부, 범죄예방정책국, 출입국외국인정책본부, 감찰관, 인권국 등이 있다. 그런데, 일반적으로 법무부 하면 바로 떠오르는 것은 검찰국 소관인 '검찰 수사, 공소유지' 업무이다. 법무부 국정감사 때는 하루 종일 검찰 수사 및 공소유지와 관련한 질의 답변만 하다가 끝나는 경우가 다반사다. 출입국외국인정책본부 소관 업무에 대한 방대한 분량의 질의응답 자료를 준비하여 하루 종일 국정감사장에 대기하여도 국회의원들이 질의하는 것은 전혀 없거나, 하더라도 방송사 카메라가 다 철수한 밤늦은 시각에 하는 한 두 개의 질의 뿐이다.

검찰 사무가 법무부 업무에서 매우 중요한 비중을 차지하고 있는 것은 맞다. 하지만, 검찰 사무의 핵심인 '수사, 공소유지'업무는 기본적으로 법무부 외청인 검찰청이 하도록 되어 있다. 검찰국에 검사가 와서 업무를 하는 것은 모르겠으나, 범죄 예방과 소년범 관리·사회적응 업무를 하는 범죄예방정책, 범죄자에 대한 형집행과 교정·재사회화 업무를 하는 교정본부, 각종 인권관련 업무를 하는 인권국, 출입국과 체류 외국인 업무를 하는 출입국·외국인정책본부 등의 경우는 검사가 꼭 와야 할 당위성이 떨어진다.

탈검찰화는 검사 개개인의 능력을 문제 삼는 것이 아니다. 검사가 검찰청이 아닌 정책부서인 법무부의 요직에 와서 1~2년마다 이동하는 현실에서 정책업무를 조기에 파악하고 중장기적인 정책 로드맵을 주도적으로 그려서 추진하는 것은 한계가 있다. 출입국외국인정책본부 업무를 보더라도 30개가 넘는 체류자격 약호를 자연스럽게 구사하는 데만 몇 달의 시간이 걸리는데, 어떤 검사장은 본부장으로 온 지 1년도 되지 않아 떠났으며 어떤 검사장은 본부장으로 인사발령이 났다는 소식을 듣고서 좌천되었다고 생각해서였는지 하루 종일 휴대폰을 꺼두었다는 일화가 전해지고 있다.

범죄예방, 외국인정책, 교정정책 등에는 급변하는 시대의 흐름을 반영하고 기존의 관성과 틀을 깨는 상상력이 필요한 경우가 많다. 검사는 기본적으로 수사·공소유지 기관이라 상상에 익숙하지 않다. 상상하는 것은 검사라는 직에 어울리지도 않는다.

필자의 경험에 비춰볼 때, 탈검찰화 작업이 소기의 성과를 거두기 위하여는 과장이나 국장·본부장의 통상적인 계약기간 임기인 2~3년의 시간으로는 부족하다. 속칭 '어공(어쩌다 공무원)'인 민간인이 '늘공(늘상 공무원)'인 직업공무원들과 서로 신뢰를 형성하면서 공직에 적응하고 업무를 정확히 파악한 바탕 위에서 새로운 업무와 혁신적인 정책을 추진하는 데는 상당한 시간이 걸리기 마련이기 때문이다. 따라서, 법무부 탈검찰화 작업이 소기의 성과를 내어서 제대로 평가받기 위하여는 최소한 2~3번의 임기가 경과하거나 과장으로 근무하던 사람이 국장·본부장·실장 등으로 승진하여 탈검찰 공직자로서 쌓은 경험과 실력을 발휘할 기회가 부여되어야 한다.

필자는 운 좋게도 참여정부의 법무부 탈검찰화 정책으로 탈검찰 1호 국적난민과장으로 임용되어 5년 동안 근무하고 민간으로 돌아간 후 2017. 9. 다시 추진된 탈검찰화 정책으로 출입국외국인정책본부장으로 임용되어 3년 10개월간 근무하였는데, 이러한 경험을 가진 사람은 필자가 유일하다. 탈검찰 법무부 간부로서 근무한 총 기간(8년 10개월)과 과장 근무 후 본부장 부임 등의 점에서 필자는 참여정부와 문재인정부가 역점적으로 추진한 탈검찰화 정책의 평가대상이 될 수 있는 사례라고 감히 말할 수 있다.

필자가 과장과 본부장으로 근무하면서 나름대로 사명감을 가지고 업무에 매진하고 성과를 내려 노력한 것도 훗날 탈검찰화 정책의 평가대상이 될 수 있다는 무거운 책임감을 느꼈기 때문이다. 그러면, 지금부터 필자가 법무부 탈검찰 1호 어다공으로서 8년 10개월 동안 법무부에서 경험한 이민행정 리포트(Report)를 시작한다.

②

탈검찰 1호 국적난민과장
(2006. 6. ~ 2011. 5.)

'매국노' 소리를 들으며 낡은 틀을 깨고
미래를 미리 경험하다

사법연수원 시절(1993~1994)도 공무원 신분이기는 하였으나 제대로 된 공직생활은 이때가 처음이었다. 직원들도 민간인 과장이 부임하는 것에 대하여 기대 반 우려 반의 심정이었다고 한다. 낮은 자세로 직원들과 소통하는 한편 주말에도 빠지지 않고 출근하여 빠른 속도로 업무에 적응해 나갔다.

직원들이 올리는 최종 서류만 보고 결재 서명만 하지 않고 실무자처럼 귀화허가신청서와 난민신청 및 이의신청 서류를 일일이 다 보면서 업무를 처리하였다. 실무자 못지않게 세부적인 내용까지 철저하게 파악해야만 '어공'으로서 '늘공'을 제대로 이끌면서 성과를 낼 수 있다고 생각했기 때문이다. 업무를 파악하고 직원들과 한마음이 되는 것은 다행히 그리 많은 시간이 필요하지 않았다. 다들 성실하고 헌신적이었다.

약간의 적응시간이 지난 다음에는 법무실 법무과에서 검사가 국적업무를 할 때는 없었던 국적판례집을 최초로 만들어 직원들이 전문성을 제고하고 일관성 있는 업무처리를 할 수 있도록 하였다. 수십 페이지에 불과했던 최초의 국적판례집은 그 후 보완·갱신되었고, 최근의 국적판례집은 400페이지가 넘는다.

국적취득 요건 중 하나인 '품행단정'과 관련하여서는 음주운전 등 범죄전력이 있는 귀화신청자나 국적회복신청자에 대한 심사를 강화함으로써 우리 국적을 원하는 외국인들이 우리 국적의 무게를 가볍게 여기지 않도록 하였다. 불허할 경우에 당사자가 이에 불복하여 행정소송을 제기할 것이 충분히 예견되는 경우에도 과감하게 불허처분을 함으로써 우리 국적을 원하는 외국인들이 법질서 준수에 경각심을 갖도록 하였다.

필자가 5년 동안 탈검찰 1호 국적난민과장으로 근무하면서 특히 기억에 남는 일들을 꼽자면 다음과 같다

이중국적 vs 복수국적

필자가 2006년 과장으로 부임하였을 때, 당시 시행 중이던 국적법에 대하여 많은 비판이 제기되고 있었다. 1998년 부모양계혈통주의 도입으로 출생에 의한 선천적 복수국적자가 대폭 늘어날 것을 우려한 나머지 국적선택의무를 도입한 당시 국적법은 결과적으로 병역자원의 이탈을 초래하고 있었을 뿐만 아니라 국적선택의무를 이행하지 않았다는 이유만으로 아무런 통지도 없이 우리 국적을 상실시켜 버리는 심각한 인권침해도 발생시키고 있었다.

이미 참여정부는 2005. 5. 원정출산자가 병역의무를 해소하기 전에는 우리 국적포기(이탈)를 하지 못하게 하는 내용의 '홍준표 국적법'시행을 앞두고 사회지도층 인사의 (손)자녀들이 우리 국적을 대거 포기하는 현상이 나타나 사회적 문제가 되자 TF를 가동하여 국적제도의 문제점을 진단하고 근본적 개선방안을 강구하기 위한 연구검토를 하였으며, 연구 내용에 기초하여 참여정부 마지막 무렵인 2007. 10. 제2회 외국인정책위원회에서 국적제도 개선의 필요성에 대한 논의를 하기도 하였다.

2008년 출범한 이명박 정부는 국가경쟁력강화위원회(위원장 강만수)를 설치하여 여러 가지 정책을 추진하였는데, 그 중 하나가 참여정부 때부터 검토해 왔던 국적법 개정이었다. 핵심적인 내용은 세계화·이주의 시대를 맞이하여 복수국적에 대하여 지나치게 적대적인 입장을 완화하여 국익에 도움이 되거나 인도주의적 사유 등 일정한 경우에는 복수국적 상태를 용인하는 것이었다.

비록 일정한 조건이 붙기는 하였지만 복수국적 상태를 용인하는 국적법 개정작업에 대한 국민들의 반감은 상당하였다. 당시에는 2개 이상의 국적을 가진 사람을 이중국적자라고 표현하였는데 '이중인격자'와 같이 '이중'이란 말 자체가 가지고 있는 지나치게 부정적인 어감 때문에 '어떻게 하는 것이 국익과 인권에 더 적합한지'에 대하여 차분하게 논의하는 것 자체가 매우 어려웠고, 이러한 현상은 미국 시민권 취득으로 우리 국적을 포기하여 병역을 기피한 스티브 유(한국명 유승준)에 대한 정서적 반감 때문에 더욱 팽배해진 상황이었다.

스티브 유(유승준)의 단일 국적

많은 국민들이 복수국적에 대하여 부정적으로 바라본 이유는 복수국적이 용인되면 스티브 유 사례처럼 병역기피 사례가 더 증가할 것으로 생각하였기 때문인데, 오히려 스티뷰 유는 우리 국적제도가 복수국적을 용인하지 않기 때문에 미국 시민권 취득을 이유로 우리 국적을 상실시켜 버려 결과적으로 병역의무가 해소되어 버린 사례였다.

스티브 유는 어릴 때 가족과 함께 미국으로 이민을 갔다. 스티브 유는 당시의 병역법에 의하여 병역면제 처분을 받을 수 있었다. 그러나 그 후 영주할 목적으로 국내에 입국한 스티브 유는 병역법에 의하여 면제 처분이 취소되고 다시 병역의무 대상자로 되었다. 스티브 유는 2001. 8. 신체검사 결과 4급 공익근무요원으로 판정을 받았는데, 2001. 11. 소집통지서를 받고서는 개인적인 사정을 이유로 소집을 연기하였다. 그런데 얼마 후인 2002. 1.초 스티브 유는 공연 목적의 해외여행허가를 받고 출국하였는데, 출국 1주일만인 1. 18. 미국 시민권을 취득하였다. 국적법은 '대한민국 국민으로서 자진하여 외국 국적을 취득한 자는 그 외국 국적을 취득한 때에 대한민국 국적을 상실한다'고 규정하고 있기 때문에 스티브 유는 미국 시민권 취득과 동시에 우리 국적을 상실하게 되었다. 우리 국적이 상실된 이상, 스티브 유는 더 이상 우리 국민이 아니게 되었으며 따라서 우리 국민에게만 부과할 수 있는 병역의무도 부과할 수 없게 되었던 것이다.

그 후 스티브 유에 대한 비난 여론이 들끓었고, 정부는 스티브 유에 대하여 출입국관리법에 근거하여 입국금지 조치를 하였다. 출입국관리법에는 '대한민국의 이익이나 공공의 안전을 해치는 행동을 할 염려가 있다고 인정할 만한 상당한 이유가 있는 사람, 기타 법무부장관이 그 입국이 적당하지 아니하다고 인정하는 사람'은 입국금지가 가능한데 이 조항을 적용한 것이다.

이와 같이, 스티브 유의 경우는 국적법이 우리 국민이 자진하여 외국 국적을 취득하면 우리 국적을 상실시키는 단일국적주의를 취하고 있기 때문에 병역의무를 기피할 수 있었던 것으로 복수국적으로 병역의무를 기피한 것이 아니었다. 만일 우리나라가 복수국적을 용인하고 있었다면 스티브 유는 병역의무를 기피할 수 없었을 것이다. 왜냐하면, 복수국적을 용인한다는 의미는 자진하여 외국 국적을 취득하는 경우에도 우리 국적이 상실되지 않는다는 의미인데, 우리 국적이 상실되지 않는다면 병무 당국은 얼마든지 스티브 유에게 병역의무를 부과할 수 있었을 것이기 때문이다.

복수국적자의 경우는 병역의무가 부과되지 않는 것으로 오해를 하기도 하나, 우리 국적을 유효하게 보유하고 있는 이상 아무리 많은 외국 국적을 별도로 가지고 있다고 하더라도 병역의무 부과에는 문제가 없으며, 실제로 복수국적 상태에서 병역의무를 이행하는 사례도 상당히 많다.

그러나, 언론이 이를 제대로 이해하지 못한 나머지 스티브 유가 복수국적자였고, 복수국적으로 병역을 기피한 것처럼 보도를 하는 바람에 '복수국적 = 병역기피 수단'이라는 등식이 국민들의 뇌리에 고착화되어 버린 것이다.

필자는 2009년 국적법 개정 내용과 관련하여 KBS 라디오 100분 토론에 나간 적이 있는데, 토론 후 청취자 의견을 듣는 시간에 어느 청취자로부터 '매국노'라는 말을 듣기도 하였다. 2007. 10. 첫 공론화 후 2009. 12. 국적법 개정안을 국회에 제출하기까지 2년이 넘는 오랜 시간이 걸리고 입법예고도 2차례나 하는 등의 진통을 겪은 것은 이러한 국민들의 반감 때문이었다.

하지만, 최종안이 마련되어 국회에 제출된 다음에는 놀랄 만큼 빨리 처리가 되었다. 여야 할 것 없이 국적법 개정의 필요성은 오래전부터 느끼고 있었으나 복수국적에 대한 일반 국민들의 뿌리 깊은 거부감과 오해 때문에 책임지고 국적법을 개정하려는 국회의원이 없었는데, 정부가 책임지고 법안을 마련하여 제출하자 여야 할 것 없이 별다른 이견 없이 법안 처리에 협력을 하였다.

10차 국적법 개정안은 국회에 제출된 지 불과 5개월 만에 국회를 통과하여 2010. 5. 4. 공포되었으며 2011. 1. 1.부터 전면 시행(일부 조항은 2010. 5. 4. 즉시 시행)되었다. 국적법 개정안이 여야 사이에 별다른 이견 없이 빨리 처리될 수 있었던 것은 국적법 개정작업이 참여정부 때부터 검토·추진된 것으로서 정치진영의 문제가 아니었기 때문이었다.

국적법 개정 작업 당시 특히 고생을 많이 한 구본준 계장(현 안산 출입국외국인사무소장)에게 감사의 마음을 전한다.

'국적 박탈'이라는 생일 선물

일정한 유형의 경우에 복수국적 상태를 용인하는 내용의 국적법 개정작업이 추진되게 된 배경 중 하나는 불가피하게 발생하는 복수 국적에 대하여도 국적법이 지나치게 적대적인 태도를 취하여 본인 도 모르는 사이에 우리 국적이 박탈(상실)되는 어이없는 상황이 발생하고 있었기 때문이다.

우리 국민인 부모가 유학이나 파견근무 등으로 미국에 가 있을 때 자녀를 출산할 경우, 그 아이는 출생과 동시에 혈통주의를 취하 고 있는 우리 국적법에 의하여 우리 국적을 취득한다. 그런데, 미국 은 출생지주의 국가이기 때문에 비록 우리 국민에게서 태어난 아이 지만 미국 영토 내에서 출생하였기 때문에 미국법에 의하여 미국 시 민권을 취득한다. 그 결과, 아이는 출생에 의하여 선천적으로 우리 국적과 미국 시민권을 동시에 보유하게 되는 복수국적 상태가 된다. 아무런 의사나 인식도 없이 말이다.

그런데, 구 국적법은 복수국적에 대하여 적대적인 입장이었고, 그래서 일정한 나이(남자의 경우는 병역관계로 좀 다르지만, 여성의 경우는 만22세)까지 하나의 국적을 선택하도록 하였는데, 만일 그 때까지 아무런 선택을 하지 않으면 우리 국적이 자동으로 박탈(상실)되도록 하였다. 2개 이상의 복수국적을 보유하는 상태를 방치해서는 안 된다는 단순한 이유 때문이었다. 그런데, 일정한 연령이 될 때까지 하나의 국적을 선택하지 않으면 우리 국적이 아무런 사전 통지도 없이 자동 상실된다는 국적법 내용 자체를 모르는 경우가 매우 많았고, 그 결과 22세 생일에 '대한민국 국적 박탈'이라는 황당한 생일선물을 받는 사례가 속출하였다.

복수국적 상태를 용인해서는 안 된다는 원칙이 아무리 중요하다고 하더라도 우리 국민의 생일에 우리 국적을 박탈(상실)시켜 버리는 이런 제도는 세계화와 이주의 시대에 갈수록 복수국적을 용인하는 국가가 늘어나고 있는 글로벌 트렌드를 굳이 언급하지 않더라도 인권 측면에서 심각한 문제였다. 한 명의 국민이 아쉬운 저출산·저출생 시대에 젊은이들이 갑자기 우리 국적을 잃어버리도록 하는 것은 국민배제정책으로서 국익에도 반하는 것이었다.

필자가 실무책임자로 관여한 10차 개정 국적법은 이렇게 출생에 의하여 복수국적 상태가 된 경우에는 일정한 연령까지 대한민국 내에서 외국국적을 행사하지 않겠다는 서약을 하면 복수국적 상태를 용인해주고(전형적인 원정출산자는 제외), 만일 국적선택기간인 만 22세까지 국적 선택을 하지 않더라도 자동으로 우리 국적을 박탈(상실)시키지는 않고 대신 국적선택명령을 함으로써 본인에게 사전

통지하여 본인의 인식과 의지 하에 국적선택을 할 수 있도록 변경하였다.

그 결과, 아무런 사전 통지도 없이 '국적 박탈(상실)'이라는 황당한 생일 선물을 받는 인권침해는 더 이상 발생하지 않게 되었다.

우리 국적을 포기하려면 당신 나라에 가서 하세요

대한민국 남성은 만18세가 되는 해의 1월 1일에 제1국민역에 편입되는데, 과거에는 제1국민역에 편입되는 만18세가 되는 해의 3월말까지 국적선택을 해야 했고, 하지 않으면 병역의무를 이행하기 전까지는 우리 국적포기(이탈)를 못하며, 복무 등으로 병역의무가 해소되면 그때로부터 2년 이내 하나의 국적을 선택해야 하는 의무가 있었다.

이렇다 보니, 출생에 의하여 복수국적 상태가 된 남성들은 만18세가 되는 해의 3월말 전에 우리 국적을 포기(이탈)하고 외국국적을 선택하는 사례들이 많았다. 2005년도에 '부모가 영주할 목적으로 외국에서 체류한 상태에서 출생한 자'가 아닌 남성의 경우는 '만18세가 되는 해의 3월말' 전에 우리 국적포기(이탈)를 하지 못하게 하는 '홍준표 국적법'이 시행되기도 하였으나, 그 이후에도 해당 조항의 적용을 받지 않는 복수국적 남성이 일찌감치 우리 국적을 포기하는 사례는 여전했다. 심지어 병역의무를 충실히 이행하였지만 2년 이내 국적선택을 하여야 한다는 사실을 몰라서 우리 국적이 자동으로 상실되는 사례도 종종 발생하였다.

그래서, 10차 개정 국적법은 본인의 의사와 무관하게 선천적으로 복수국적이 된 남성의 경우 일정한 연령까지 외국국적불행사서약(대한민국 내에서는 외국국적을 행사하지 않겠다는 서약. 위반하면 국적선택명령 발령)을 하면 복수국적 상태가 계속 유지될 수 있도록 하였는데, 이는 우리 국적을 포기(이탈)하지 않고 계속 우리 국민으로 남도록 유도함으로써 병역자원 이탈 현상을 억제하기 위한 것이었다.

종전에는 병역의무를 이행한 경우에도 2년 이내 하나의 국적을 선택하여야 했으나 개정법에서는 병역의무를 이행한 경우에는 2년 이내 외국국적불행사서약을 하여 복수국적 상태를 계속 유지할 수 있도록 하였다.

한편, 그때까지는 우리 국적을 포기(이탈)하고 외국국적 선택신고를 하는 것이 국내에서도 가능하였다. 우리 국적법은 외형상으로는 국적관리를 엄정하게 하는 것처럼 보였지만 실상은 매우 허술하게 하고 있었던 것이다. 그 결과, 복수국적자들이 우리 국적을 쉽게 포기(이탈)한 후 소위 '검은머리 외국인'으로서 국내에서 계속 생활하는 것이 가능하여 사회적 위화감이 조성되는 부작용이 발생하였다.

필자는 국민들의 복수국적에 대한 뿌리 깊은 반감이 발생하는 근본 원인 중 하나가 이렇게 국내에서도 우리 국적포기(이탈)를 허용하는 것이라고 판단하고, 국적법 개정 작업을 할 때 국내에서는 우리 국적포기(이탈)를 하지 못하도록 함으로써 국적포기(이탈)를 가볍게 여기던 풍조에 쐐기를 박았다. 복수국적을 허용하는 것으로 알려지고 있는 미국의 경우도 정작 미국 본토 내에서는 미국 시민권 포기를 허용하지 않고 있다.

> **제14조(대한민국 국적의 이탈 요건 및 절차)** ① 복수국적자로서 외국 국적을 선택하려는 자는 외국에 주소가 있는 경우에만 주소지 관할 재외공관의 장을 거쳐 법무부장관에게 대한민국 국적을 이탈한다는 뜻을 신고할 수 있다. 다만, 제12조제2항 본문 또는 같은 조 제3항에 해당하는 자는 그 기간 이내에 또는 해당 사유가 발생한 때부터만 신고할 수 있다. <개정 2010. 5. 4.>
> ② 제1항에 따라 국적 이탈의 신고를 한 자는 법무부장관이 신고를 수리한 때에 대한민국 국적을 상실한다. <개정 2010. 5. 4.>
> ③ 제1항에 따른 신고 및 수리의 요건, 절차와 그 밖에 필요한 사항은 대통령령으로 정한다. <개정 2010. 5. 4.>

이와 같은 개정 내용은 병역의무 있는 복수국적 남성으로 하여금 우리 국적을 이탈(포기)하지 않고 계속 유지하도록 함으로써 병역자원의 감소를 억제하는데 상당한 의미가 있다는 평가를 받았고, 그 결과 필자는 2010년도 말에 병무행정 유공자로 선정되어 병무청장상을 받게 되었다.

국민들의 뿌리 깊은 오해와 선입견에 따른 부정적 정서를 극복하기 위하여 개정안을 셀 수도 없이 수정하고 입법예고도 이례적으로 두 번이나 하는 등 많은 우여곡절을 겪고 심지어 '매국노'라는 비난까지 받았던 필자에게 병무청장상은 더없이 소중한 의미로 다가왔다.

해외입양인, 모국에서 꿈을 이루다

우리나라 국적법은 1948. 12. 제정된 이래 엄격한 단일국적주의를 고수하여 왔는데, 외국인이 우리 국적을 취득하면 일정기간 내 외국국적을 포기하여야 하며 만일 포기하지 않으면 우리 국적이 자동으로 상실되었다. 순수 외국인으로서 귀화를 하는 경우는 물론이고 외국국적을 취득하여 우리 국적을 상실하였던 동포가 국적회복을 하는 경우도 외국국적을 포기해야 했다.

해외입양인의 경우는 외국국적을 자발적으로 취득하여 우리 국적을 상실한 것이 아니라는 점에서 특수성이 있다. 아주 어릴 때 외국에 입양되어 양부모의 국적을 취득함으로써 우리 국적을 상실하였기 때문에 해외입양인들이 '내가 원해서 대한민국 국적을 버린 것이 아니다'는 생각을 하는 것은 당연한 것이었다.

그런데, 해외입양인은 자신의 정체성을 찾기 위하여 모국을 방문하여 친부모를 수소문하고, 나아가 자기도 모르게 잃어버렸던 대한민국의 국적을 다시 가지려는 순간 고민에 빠졌다. 왜냐하면, 우리 국적을 회복하는 경우 일정기간 내 외국국적을 포기하지 않으면 우리 국적이 자동으로 상실되기 때문이었다. 비록, 모국인 대한민국의 국적을 회복하여 자신의 정체성을 확인하고 싶은 마음이 크더라도, 자신을 키워준 양부모의 국적을 포기한다는 것은 양부모와의 유대관계가 끊어지는 것을 의미하는 것이기에 해외입양인들은 국적회복의 문턱에서 좌절하고는 하였다. 그래서, 해외입양인들은 오래전부터 국적회복시 외국국적을 포기하지 않도록 허용해달라고 요구해왔었다.

2009. 11. 9. 자 서울신문 기사

[정책진단] "입양인 93%가 한국국적 회복 원해"

김대원(42) 해외입양인연대 사무총장은 "현재 한국에서 살고 있고 친부모도 만났지만, (내가 입양된 나라) 스위스 국적을 포기할 수는 없다. 그건 양부모에게 정말 못할 짓이다."라고 말했다. 그래서 2007년 10월 한국 입양인에게 이중국적을 허용해달라는 캠페인을 시작했다.

해외입양인은 우리 국적을 자발적으로 포기한 것이 아니었고 인도주의적인 견지에서도 고려할 면이 있었기 때문에 복수국적에 대하여 많은 오해를 하고 있던 국민들도 해외입양인의 주장에는 별다른 거부감을 보이지 않았다. 그래서 해외입양인은 복수국적 용인대상으로 최우선적으로 고려되었고, 필자는 법무부와 국가경쟁력강화위원회가 공동개최한 「국적제도 개선을 위한 정책토론회」에 어릴 때 스위스에 입양되었다가 모국에 돌아와 해외입양인 국적회복 운동을 활발히 펼치고 있던 해외입양인연대 김대원 사무총장을 지정토론자로 초청하는 등 국적법 개정 작업에 해외입양인의 목소리가 최우선적으로 반영되도록 하였다.

2011. 1. 1. 개정 국적법이 시행되고 3개월이 흐른 2011. 4. 19. 해외입양인이 개정 국적법에 따라 그토록 원하던 우리 국적을 회복한 것을 진심으로 축하하기 위하여 이귀남 법무부장관님을 모시고 해외입양인 13명에게 국적증서와 태극기를 수여하는 행사를 특별히 기획하였다. 행사에 참석하였던 해외입양인들의 행복한 표정을 보면서 공직자로서 많은 보람을 느꼈다. 필자는 2011. 5. 11. 보건복지부 주관 입양의 날 행사에서 해외입양인의 권익증진에 기여한 공로로 보건복지부장관상을 수상하였다.

Dแาm 경향신문

[포토뉴스]해외입양인, 대한민국 국적회복

강윤중기자 | 입력 2011. 4. 19. 15:25 | 수정 2011. 4. 19. 15:25

13명의 해외 입양인들이 19일 경기 과천정부청사 법무부 대회의실에서 열린 대한민국 국적 회복 축하행사에서 이귀남 법무부 장관으로부터 국적증서와 태극기를 받은 뒤 기념촬영을 하고 있다. 올해 1월부터 시행된 새 국적법에 따라 해외 입양인도 한국 국적을 가질 수 있게

The JoongAng

국적 회복 '진짜 코리안 드림'이룬 해외입양인 부부

임현주·김상선   입력 2011. 04. 20. 00:32   수정 2011. 04. 20. 05:16   댓글 0개

[중앙일보 임현주·김상선]

한국 국적을 취득한 신승연씨 가족. 19일 과천 법무부 청사 앞에서 신씨 가족이 국적취득 증서와 태극기를 들고 환하게 웃고 있다. 네덜란드에 입양된 지 35년 만에 국적을 회복한 신승연씨와 아들 현빈·허빈, 딸 가영, 아내 김영희씨(오른쪽부터). [김상선 기자]

"아내와 함께 한국 국적을 얻게 돼 정말 행복합니다. 어릴 적 소망을 이뤘어요."

기억도 없던 어린 시절 네덜란드로 입양돼 35년 만에 한국 국적을 얻은 신승연(40·회사 원)씨는 감격을 주체하지 못했다. 19일 경기 과천 법무부 청사에서 만난 신씨는 "지금의 아내를 만났기에 가능했던 일"이라며 "입양의 아픔을 알고, 가족(뿌리)을 찾고 싶은 마음 을 이해해 같은 마음으로 한국에 왔다"고 말했다.

1997년 네덜란드에서 신씨와 백년가약을 맺은 김영희(41)씨는 2년 전 남편의 뜻을 따 라 20년 가까이 몸담았던 초등학교 교사직을 버리고 왔다. 김씨는 "애들 교육문제로 한국 에 정착하는 데 고생은 좀 했지만 이젠 괜찮다"며 "국내 최초로 복수국적을 갖게 된 입양 아 출신 1호 부부라는 사실만은 자랑스럽다"고 말했다.

신씨 부부는 5세 때 네덜란드에 입양돼 양부모 밑에서 자라다가 1994년 네덜란드 한국 입양인 모임에서 처음 만났다. 화훼농장을 하는 양부모 밑에서 자랐던 신씨는 네덜란드 대학에서 항공엔지니어링을 전공하고, 항공사에 근무하는 등 비교적 안정적으로 생활을 하다가 지금의 아내에게 프러포즈를 했다. 결혼 후 아내와 몇 번 한국을 다녀갔지만 국적 회복 신청을 결심하게 된 가장 큰 계기는 허빈(13)·가영(11·딸)·현빈(7)에게 한국인이란 자 긍심을 심어주고 싶어서였다.

'병역기피 얌체짓' 하면 안돼요!

국적법은 제9조에서 '병역을 기피할 목적으로 대한민국 국적을 상실하였거나 이탈하였던 자'를 국적회복 불허사유 중 하나로 규정하고 있는데, 필자는 2007. 11. 병역기피 목적으로 우리 국적을 포기하였다가 국적회복신청을 한 사람에 대한 불허처분을 최초로 하였다. 우리 국적을 버린 후에도 국내에서 속칭 '검은 머리 외국인'으로 계속 살고 있다가 병역법상 병역부과 연령이 지난 다음에 얌체처럼 우리 국적 회복신청을 한 것이었기 때문에 국적법상 국적회복 불허대상에 해당한다고 본 것이다.

2007. 11. 8. 자 노컷뉴스 기사

"병역기피 얌체짓" 40대 국적회복 불허

2007-11-08 14:13   뉴스듣기   0   0

법무부 "병역기피 목적으로 국적상실 · 이탈 시 단호히 대처"

이 사례는 병역기피 목적으로 우리 국적을 포기하였다는 이유로 국적회복을 불허하는 최초의 사례였던 만큼 필자도 매우 심도 있게 검토하였다. A씨는 1960년대 중반 서울에서 출생한 후 줄곧 국내에서 자랐는데 고등학교를 졸업하고는 1980년대 중반 어머니와 함께 미국 영주권을 취득하여 미국으로 이주하였다. 당시 병역법에 의하여 징병검사는 연기되었다. 1990년 미국의 명문대학을 졸업한 A씨는 그 다음해인 1991년 미국 시민권을 취득하였고, 이로 인하여 우리 국적을 상실하였다. 그런데, A씨는 미국 시민권을 취득한지 불과 6일만에 국내로 귀국하여 계속 살았고 그 후 14년이 지난 2005년도에 국적회복신청을 하였다. 국적을 회복하는 자가 병역부과 연령이면 병역이 부과되는데, A씨는 병역부과연령이 지난 시점에서 국적회복 신청을 한 것이었다.

필자는 A씨의 출입국내역을 정밀 분석하였다. 미국 시민권 취득이 본인의 주장처럼 미국에서 영구히 체류할 목적이었는지, 아니면 병역기피를 위하여 국적을 세탁할 목적이었는지 면밀히 파악하기 위해서였다. 그 결과, 귀국한 1991. 3.부터 국적회복신청을 한 2005년까지 14년 동안 매년 355일 정도를 자신의 국적국인 미국이 아닌 국내에서 머물렀다는 것이 확인되었다. 미국 시민권 취득이 미국에서 계속 살기 위한 것이었다면 이와 같은 체류 내역은 나올 수 없었을 것이라는 점에서 병역기피 목적으로 미국 시민권을 취득하여 우리 국적을 포기한 것으로 밖에 볼 수 없었다.

그 후에도 필자는 병역기피 목적 국적회복 신청자에 대하여 추가로 불허처분을 하는 등 국적심사를 엄정하게 하였다.

'원정출산'도 하면 안돼요!

부모가 외국에서 영주할 목적으로 체류한 상태에서 출생한 선천적 복수국적자는 병역의무의 이행과 관련하여 제1국민역에 편입되는 해의 3월말 전에 국적포기(이탈)를 할 수 있으나, 출생 당시 부모가 해외에서 영주목적으로 체류하였다는 것을 소명하지 못하면 국적포기(이탈)를 할 수 없다.

이것이 '홍준표 국적법'으로서 2005. 5. 24.부터 시행되었다. 통상 자녀의 출생 당시 또는 직후 부모가 외국의 시민권이나 영주권을 보유하고 있거나 신청한 등의 경우 부모가 영주목적으로 외국에서 체류한 상태였던 것으로 인정이 되어 국적이탈신고가 수리(허가)된다. 그런데, 필자는 부모가 외국의 영주권을 보유하고 있는데도 불구하고 국적이탈신고를 반려(불허)한 적이 있다.

A씨(1992년생)는 국적법에 따른 국적포기(이탈) 신고기한이 임박한 2009. 12. 모(母)인 B씨가 A씨의 출생 당시 미국 영주권자였으므로 국적법상 선천적 복수국적자의 우리국적 포기(이탈) 요건인 '직계존속이 외국에서 영주할 목적으로 체류한 상태에서 출생'한 것으로 주장하면서 국적포기(이탈)신고를 하였다.

A씨의 모(母) B씨는 1987. 11. 미국 영주권을 취득하고 1988. 2. 미국으로 출국하였으나 불과 보름 만에 다시 입국한 후 1992년 아들 A씨의 출산 50일 전까지 실질적으로 국내에 거주하였다. B씨는 1992. 1.초 미국으로 홀로 출국하여 불과 50일 후인 2월말에 아들 A씨를 출산하였는데(이로써 A씨는 출생으로 대한민국 국적과 미국 시민권을 동시에 보유하게 된 복수국적자가 되었음), 출산 50일이 되는 1992. 4. 신생아인 A씨와 함께 귀국한 후 줄곧 가족과 함께 국내에서 거주하였다.

B씨는 귀국 후인 1993년에는 미국 영주권도 포기하였는데, 국적 포기(이탈)신고 심사가 이뤄지던 2010. 9. 당시까지 18년 동안 미국에는 2000년도에 단 한 달 정도만 간 적이 있을 뿐이었다. A씨의 부(父) C씨도 1990. 부터 2010. 9.까지 20년 동안 미국에 1주일 다녀온 것 외에는 미국에 간 사실이 없었으며, 심지어 A씨의 출생 당시에도 국내에 있었다.

당사자들의 출입국내역과 체류 실태를 종합했을 때, 비록 A씨의 출생 당시 모(母)인 B씨가 미국 영주권을 가지고 있어 비록 외형상으로는 내부 지침에서 규정하고 있는 포기(이탈)요건 중 하나인 '직계존속이 영주할 목적으로 외국에서 체류한 상태에서 출생하였음'에 해당하였지만, 실질적으로는 국적법에서 국적포기(이탈)를 허용하지 않도록 한 전형적인 원정출산이었다.

　내부 지침상 요건에는 부합하기 때문에 그냥 국적포기(이탈)를 허용할 것인가, 아니면 실질적으로는 법에서 국적포기(이탈)를 허용하지 않도록 한 전형적인 원정출산이기 때문에 불허할 것인가 고민을 하였다. 그러나, 지침이 법을 우선할 수는 없는 법이다. 필자는 유사한 사례 3건과 함께 국적포기(이탈)신고를 반려하였는데, 비록 형식상으로는 국적포기(이탈) 요건을 갖추고 있었으나 실질적인 원정출산자에 해당한다는 이유로 반려하는 것으로는 최초였기 때문에 보도자료도 별도로 배포하였다. 안일하게 형식적으로만 심사했으면 그냥 수리가 되었을 것이나 법의 취지를 충실히 반영하여 실질심사를 한 결과였다. 병무청에도 관련 사실과 명단을 통보하여 병역의무 이행을 특별히 관리하도록 하였다.

2010. 9. 30.자 국민일보 기사

병역기피 국적이탈 어림없다... 법무부, 복수국적자 4명 포기신청 첫 불허

입력 : 2010-09-30 18:43　　　　　　　　　　　　　　　　좋아요 0개

법무부는 최근 국적 포기 신청서를 제출한 이씨 등 원정출산으로 취득한 복수국적 소유자 4명에 대해 부모가 외국에서 계속 거주하다 출생한 경우가 아니라며 국적 이탈 신고를 반려했다고 30일 밝혔다. 원정출산 복수국적자에 대해 국적 이탈 신고를 반려한 것은 처음이다.

어느 독립유공자 후손의 눈물

필자는 과장 부임 첫해인 2006년도에 왕산 허위 선생의 손자인 허게오르기, 허블라디슬라브 씨를 비롯한 독립유공자 후손 33명에 대한 귀화증서 수여식을 최초로 개최하였다. 왕산 허위 선생의 손자들에 대한 다큐멘터리를 촬영하고 있던 MBC카메라감독 출신 윤덕호 PD로부터 법무부가 이들의 특별귀화를 축하하는 행사를 해주면 더욱 뜻깊을 것 같다는 요청을 받았는데, 독립유공자 후손에 대한 예우라는 행사의 취지가 좋아 부임 한 달 여 만에 큰 행사를 하게 되었다.

왕산 허위 선생은 1908년 서울진공작전을 지휘하였던 구한말의 의병장으로서 서대문형무소의 제1호 사형수로 교수형이 집행된 분이며, 안중근 의사가 "우리 2,000만 동포에게 허위와 같은 진충갈력(盡忠竭力), 용맹의 기상이 있었던들 오늘과 같은 국욕(國辱)을 받지 않았을 것이다. 높은 벼슬아치들이 제 몸만 알고 나라를 모르는 자가 많다. 그러나 그는 그렇지 않았다. 그러므로 그 가운데 제일의 충신이라 할 수 있다"고 한 분이다. 그 왕산 허위 선생의 4남 허국(1899~1970)의 아들인 허게오르기(1944년생)와 허블라디슬라브(1951년생) 씨가 그동안 키르기스스탄에서 살고 있다가 국내로 들어와 특별귀화를 하게 된 것이었다.

법무부, 국가유공자 33인에 특별귀화증서 수여

입력 2006. 7. 18. 16:16   수정 2006. 7. 18. 16:16

0

【과천=뉴시스】

18일 오후 과천 법무부 청사에서 중국과 키르기스스탄에 살고 있는 독립유공자 후손 33명에
게 한국인임을 증명하는 귀화증서를 수여하고 천정배 법무부장관이 대한제국 말 의병대장
허위(許蔿)의 손자 허게오르기(62)씨에게 태극기를 수여하고 있다. /허상욱기자 wook@new

　　최초로 시행한 독립유공자 후손 귀화증서 수여식에 대한 언론의
반응은 매우 좋았고, 이에 필자는 재임기간 동안 매년 제헌절이나
광복절 즈음에 독립유공자 후손 귀화증서 수여식을 거행하여 독립

유공자 후손에 대한 각별한 예우를 하였다. 독립유공자 후손 귀화증서 수여식은 필자가 법무부를 떠난 후에도 매년 거행되었다.

필자가 과장으로 재직하던 동안의 독립유공자 후손 귀화증서 수여대상자

연도	귀화증서 수여대상자
'06	왕산 허위 선생의 후손 허게오르기, 허블라디슬라브 등 33명
'07	1919년 간도에서 철혈광복단을 조직해 일본 회사 등에 취직한 교포들에게 동맹사직할 것을 촉구하는 한편 일제 현금 수송차를 습격해 빼앗은 현금 15만 원으로 체코제 무기를 구입해 북로군정서에 제공한 최이붕 선생의 후손, 1907년 협동학교를 설립하고 신민회 등에 가입해 민족교육과 구국계몽운동을 전개했던 김동산 선생의 후손 등 32명
'08	독립협회 및 만민공동회의 간부로 활동하고, 1904년 7월 영국인 베델과 대한매일신보를 창간하는 한편 장지연이 황성신문에 쓴 논설 '시일야방성대곡'을 게재하기도 한 양기탁 선생의 후손 등 32명
'09	대한국민회를 조직해 항일투쟁을 전개했던 안무 선생의 후손, 1907년 홍범도 장군과 함께 의병활동을 한 차도선 선생의 후손 등 41명
'10	1920년 무력항일군단인 대한독립군을 조직하고 사령관으로 일본군과 수차례 접전을 벌이다 순국한 이명순 선생의 후손 등 16명

특별히 기억에 남는 장면이 있다. 2008년인가 2009년도 독립유공자 후손 귀화증서 수여식이었는데 김경한 법무부장관님으로부터 귀화증서를 받은 독립유공자 후손 중국동포 여성 한 분이 갑자기 '할아버님, 이제 고생을 끝내게 되었습니다. 감사합니다'라고 크게 흐느끼며 우는 것이었다. 독립유공자 후손의 중국과 국내에서의 신산한 삶이 생생하게 전해지는 한편, 독립유공자 후손 귀화증서 수여식이라는 특별한 축하행사를 마련한 것에 대한 큰 보람을 느끼는 순간이었다.

국적업무가 법무실에서 출입국관리국으로 이관되기 전에는 독립유공자 후손 등에 대한 별도의 귀화증서 수여행사는 없었으며 단지 귀화허가통지서 1장만을 등기우편으로 보낼 뿐이었는데, 국적업무가 참여정부 때 출입국관리국으로 이관된 후부터 독립유공자 후손에 대한 합당한 예우가 이루어지기 시작한 것이다. 독립유공자 후손 귀화증서 수여식이 최초로 시행되는데 결정적인 기여를 하신 윤덕호 PD님에게 감사의 말씀을 드린다.

난민과 귀화

필자는 에티오피아 아디스아바바 국립대학에 재학하면서 야당 당원으로 활동하다가 2001. 8. 국내로 들어와 '정치적 박해'를 이유로 난민으로 인정받은 A씨에 대한 귀화허가를 2010. 3. 최초로 하였는데, 난민협약의 취지에 따라 절차를 최대한 간소화하는 등 편의를 제공하였으며 단독 귀화증서 수여식도 별도로 개최하여 특별히 축하하였다. 국제난민기구(UNHCR)는 아시아에서 2번째의 난민 귀화사례로서 난민보호에 있어 획기적인 사건이라고 평가하였다.

2010. 3. 19.자 경향신문 기사

난민 첫 귀화 '특별한 한국인'

입력 : 2010.03.19 18:17 | 수정 : 2010.03.20 01:21   조현철 기자

▌에티오피아 출신 30대... "혼인신고부터 할래요"

이와 별도로 2010. 11. 25. 법무부에서 있었던 귀화자 축하행사에는 후투족과 투치족의 내분으로 널리 알려진 아프리카 브룬디의 대학생 국가대표 마라톤 선수 출신 난민 인정자 '도나티엔'(한국명 김창원. 마라톤 최고기록 2시간 18분 39초(2007년))이 귀화증서를 받았는데, 법무부는 역경을 이겨내고 성실한 삶으로 주위의 귀감이 된 도나티엔의 귀화가 특별한 의미를 담고 있는 점을 감안하여 당일 참석한 20명의 귀화자를 대표하여 선서를 하는 사람으로 선정하였다.

그 당시 경남 현대위아에서 17년째 근무 중이던 김창원씨는 2023. 1. 17.에 방송된 KBS 아침마당에 출연하기도 하였는데, 2022년에 셋째가 태어나 세 아들의 아빠가 되었다고 한다.

브룬디 출신 '난민 마라토너' 한국인 됐다

입력 : 2010-11-26 02:53:14   수정 : 2010-11-26 02:53:14

도나티엔씨 귀화 시험에 합격
거주도시 이름 따 '김창원' 개명

국민이 될 수 있는 자격

필자가 복수국적을 용인하는 국적법 개정 작업을 마무리한 다음에 추진한 것은 국적법에 영주권전치주의를 도입하는 것이었다. 미국·캐나다·호주 등의 경우와 같이 외국인이 한 나라의 국적(시민권)을 취득하려면 우선 영주자격과 같은 장기체류자격을 취득하여 일정기간 체류한 다음에 마지막 단계로 국적(시민권)을 취득하는 것이 합리적이다.

또한, 영주자격전치주의는 유연한 이민정책을 위하여서도 필요한 것이었다. 왜냐하면 우리 국적제도는 5년만 거주하면 체류자격을 따지지 않고 귀화신청이 가능하였는데, 그렇다보니 고용허가제로 입국한 외국인근로자(E9) 등의 체류기한을 5년 미만으로 설정할 수 밖에 없었다. 5년 이상 체류할 수 있게 되면 귀화신청 자격이 되기 때문에 체류 연장의 방편으로 귀화제도가 무분별하게 남용될 우려가 있었기 때문이다.

< 국가별 영주자격 전치주의 도입여부 >		
		전치주의 도입여부 (귀화를 위한 거주요건)
전통 이민 국가	미국	도입 (영주권자로 5년 거주) ※ 미국인의 배우자는 영주권자로 3년 거주
	호주	도입 (영주권자로 1년 거주, 총 4년 거주)
	캐나다	도입 (영주권자로 4년 거주, 총 6년 거주)
후발 이민 국가	영국	도입 (영주권자로 1년 거주, 총 5년 거주) ※ 영국인의 배우자는 귀화신청 시 영주권 보유 + 총 3년 거주
	독일	유사 (영주권 또는 특정 체류자격' 소지, 총 8년 거주) ' "교육, 임시 보호, 인도적 체류 등"을 제외한 체류자격
	싱가폴	도입 (2년 이상 영주권 소지)
※ 자료: 법무부		

우리나라는 이민국가인 미국과는 달리 영주자격을 취득한 다음에 국적(시민권)을 취득하는 것이 아니고 일정한 거주기간 요건과 생계유지능력, 품행단정 요건만 구비하면 체류자격 종류를 묻지 않는 방식을 1948년 제정 국적법 이래 취하여 왔다. 그러나, 1990년대 후반부터 체류외국인이 늘어난 것과 함께 우리 국적을 취득하는 외국인도 대폭 증가하였는데 이에 따라 정부는 한국인 남자와 결혼하는 여성은 혼인신고와 동시에 우리 국적을 취득하던 것을 1998. 6. 14. 2년의 거주기간을 총족한 후 귀화허가신청을 하여 허가를 받아야 우리 국적을 취득하는 것으로 변경하였다.

영주자격과는 달리 국적(시민권)은 한번 부여하면 그 후에 국적

취득자가 무슨 범죄행위를 저지른다고 해서 뺏을 수도 없는 최종적인 효력이 발생하기 때문에 국적부여는 매우 신중하여야 한다. 그렇다고 해서 영주자격을 함부로 주자는 것은 아니다. 우리나라 영주자격은 과거에 비하여 요건이 다소 완화되기는 하였지만 여전히 취득요건이 매우 엄격하게 규정되어 있어 취득하는 것이 쉽지 않다.

그런데, 국적취득 제도는 1948년부터 있었지만 영주자격이 우리나라에 도입된 것은 2002. 4. 18.로 한참 후의 일이다. 화교 등 장기체류 외국인의 체류상 편의 제고를 위하여 시행되었는데, 국적취득 제도와 연계해서 도입된 것이 아니다보니 영주자격 제도는 국적법이 아닌 출입국관리법에 따로 규정되어 시행하게 되었다. 국적 취득요건은 수십 년 전 체류외국인이 매우 적었을 때 만들어졌던 것인 반면, 영주자격은 체류외국인이 대폭 늘어난 2002년도에 만들어진 것이다 보니 국적취득 요건보다 영주자격 취득요건이 더 엄격한 아이러니한 경우도 있었다.

과거 국내 화교 외에는 국적취득 외국인이 매우 적었던 시대에 만들어진 국적제도는 외국인의 국적취득이 늘어나고 있는 상황에 맞게 변화가 필요하였다. 미국과 같이 외국인들이 영주자격을 먼저 취득한 다음 일정기간이 경과한 후 우리 국적을 취득하도록 하는 것이 국적취득자가 급증하는 상황에 걸맞는 국적제도라고 판단하였다. 영주자격 취득요건이 국적취득 요건보다 더 어렵다는 것도 불합리한 것이었다. 그래서, 필자는 영주자격전치주의 국적법 개정작업에 대한 입법계획을 수립한 다음 추진하려고 하였는데 2011. 5. 필자의 과장 임기 상한이 다 되어서 아쉽게도 책임지고 마무리를 하지 못한 채 법무부를 떠나게 되었다.

그 후 2017. 9. 필자가 출입국외국인정책본부장으로 부임하여 파악을 해보니, 영주자격전치주의 국적법 개정안은 필자가 법무부를 떠나고도 5년이나 지난 2016. 11. 30.이 되어서야 국회에 제출되어서 법사위 전체회의에 회부되어 법안심사 소위를 앞두고 있었다. 5년 동안의 공백이 아쉬웠다. 다행히 영주자격전치주의 국적법 개정안의 필요성에 대하여 여야 할 것 없이 공감을 하였고, 법안은 2017. 11. 29. 법안심사소위를 통과한 후 2017. 12. 1. 국회 본회의도 통과하였다.

영주자격전치주의 도입으로 귀화신청을 하기 위하여서는 영주자격(F5)을 먼저 취득하여야 하는 것으로 되었기 때문에 숙련 외국인 근로자(E9)가 5년이 되기 전에 일단 출국했다가 다시 입국하도록 하지 않고 5년이 넘도록 계속 체류할 수 있도록 하는 등의 유연하고 다양한 이민정책의 시행 여지가 높아지게 되었다.

영주자격 제도도 합리적 개선이 필요하다. 영주자격은 대표적인 장기체류외국인인 화교를 염두에 두고 설계된 것이다 보니 매우 두 터운 보호를 받고 있다. 1882년 임오군란 이후 우리나라에 정착하 기 시작하여 3~4대째 계속 거주하고 있는 화교의 경우는 범죄에 연 루된다고 해도 강제퇴거가 사실상 불가능하다. 중국 산동성 출신이 많은데 중국 공산화로 이들은 대부분 대만의 여권을 가지고 있으나 대만에는 별다른 연고도 없다. 법원도 이런 사정을 감안하고 있으 나, 출입국관리법령도 영주자격자의 강제퇴거에 대하여는 아주 엄 격하게 규정하고 있다.

대법원 1972. 3. 20. 선고 71누202판결

원고가 우리나라에서 오래 거주하고 있던 중국인의 아버지와 한국인 어머니 사이에서 1945 년 우리나라에서 출생 성장하여 우리나라 여성과 결혼하였고 본건 강제퇴거 결정에 의하여 송환될 당시까지 충주 시내에서 노모(63세)를 모시고 중국음식점을 경영하였을 뿐 아니라 그 형수 매형 등이 모두 우리나라 사람이며 원고의 평소사상도 반공적이어서 몸에 반공항아라 는 문신까지 새기었고 1969.10.20 경부터는 한국화교 반공구국회 충주 지부장직에 피임되 었던 사실 등을 감안하면 그에게 비록 그 판결이 인정한 바와 같은 국시에 위배되는 반공법위 반의 범행에 의하여 징역 1년 6월, 3년간 집행유예의 판결까지 선고받은 잘못이 있었다 할지 라도 그에 대하여 강제퇴거를 명한 본건 처분은 심히 가혹하고 부당하여 재량의 범위를 일탈 한 위법한 처분이었다고 단정한 조치에 재량권의 범위에 관한 법리의 오해나 심리미진등의 위법이 있었다고는 인정되지 않는다.

그런데, 1990년대 후반 이후부터 새로이 유입된 외국인 중에서 영주자격을 취득하는 경우가 많아졌고, 지금 현재는 화교보다 훨씬 더 많은 규모이다. 영주자격이 처음 시행된 2002년도의 경우 화교

로 추정되는 대만적자가 영주자격자의 98%였으나 2022. 10. 현재
는 6.5%에 불과하다.

영주(F-5)자격 연도별 · 국적별 현황

구 분	2002년	2007년	2012년	2017년	2022.10월
전 체	6,022	15,855	15,855	136,334	174,812
중 국	4(0.1%)	272(1.7%)	272(1.7%)	106,538 (78.1%)	142,322 (81.4%)
타이완	5,958 (98.9%)	12,01 9(75.8%)	12,019 (75.8%)	13,039 (17.2%)	11,427 (6.5%)
일 본	41(0.7%)	2,918(18.4%)	2,918(18.4%)	7,338(5.4%)	7,319(4.2%)
베트남	0	25(0.2%)	25(0.2%)	1,681(1.2%)	2,208(1.3%)
우즈베키스탄	0	50(0.3%)	50(0.3%)	991(0.7%)	2,031(1.2%)
러시아	0	126(0.8%)	126(0.8%)	942(0.7%)	1,572(0.9%)
미 국	11(0.2%)	88(0.6%)	88(0.6%)	1,042(0.8%)	1,475(0.8%)
기 타	8(0.1%)	357(2.3%)	357(2.3%)	4,763(3.5%)	6,458(3.7%)

단위:명 | 출처:법무부 출입국외국인정책본부 홈페이지

이들 신규 외국인 영주자격자들에 대하여도 화교를 염두에 둔 영
주자격을 그대로 적용하는 것은 적절치 않은 면이 있다. 영주자격을
취득한 새로운 이주자들이 법질서를 위반한 경우에 화교와 같은 강
력한 보호를 받다 보니 새로운 영주자격 외국인들이 법질서를 경시
하는 사례가 종종 발생하고 있기 때문이다. 이러한 현상은 국민들이
외국인에 대하여 거부감을 가지게 되는 하나의 원인이 되고, 결국에
는 국민과 외국인이 공존하는 환경 조성에도 걸림돌이 된다. 영주자

격자들이 법질서를 위반한 경우에 바로 강제퇴거하지는 않더라도 그보다 한 단계 아래의 체류자격으로 강등을 하는 등의 방식으로 경각심을 제고하여 체류질서를 확립할 필요가 있다.

그래서, 필자는 본부장으로 있을 때 영주자격을 취득경로별로 세분화하고 법질서를 위반하였을 때 적용되는 불이익을 차별적으로 설계함으로써 이들이 법질서를 위반했을 때 경각심을 가질 수 있도록 하는 내용의 출입국관리법 개정을 계획하였다. 몇 번이나 수정하면서 법안을 만들었는데, 아쉽게도 본격적으로 추진하기 전에 본부장직을 떠나게 되었다. 영주자격 제도의 합리적인 재설계가 필요하다.

3

어다공
출입국·외국인정책본부장
(2017. 9. ~ 2021. 6.)

탈권위, 적극행정, 소통과 공존을 위한 부단한 고민

필자는 2017. 9. 출입국외국인정책본부장으로 임용되어 다시 공직에 온 후에도 10여 년 전 국적난민과장으로 공직에 처음 입문할 때의 초심을 잃지 않고 적극행정을 하려고 노력하였다. 이민정책의 긍정적인 효과는 최대화하고 불가피한 이민정책으로 인하여 발생할 수 있는 국민과 외국인 사이의 갈등 등 부정적인 효과는 최소화할 수 있는 방안을 고민함으로써 수십 년 후의 미래 사회를 대비하고자 하였다.

주말에도 출근하여 과거 10년간의 정책발표회 본·예선 자료를 모두 정독함으로써 직원들의 문제인식과 참신한 정책 아이디어를 숙지한 후 토론을 하였으며, 낮은 자세로 직원들의 의견을 경청하려고 하였고, 중단되어 있던 수요포럼을 매주 실시하여 정책에 대한 학습과 교육을 게을리하지 않았으며, 소관과에서 불채택한 일선 청 직원의 아이디어를 직접 발굴하여 채택한 후 추진하였다.

직원들의 캐나다 출장보고서에 있는 웹세미나(Web-Seminar)에 착안하여 코로나19 전에 화상회의를 활성화하였으며, 필요하다고 생각하는 정책에 대하여 직원들이 소극적인 모습을 보일 때에는 본부장이라는 이유로 일방적으로 지시를 하는 대신 진지한 토론으로 설득하여 정책이 추진되도록 하였다.

본부장 보고와 결재시 실무를 잘 아는 계장들도 본부장실에 와서 편하게 보고하고 결재를 받을 수 있도록 하였고, 보고서도 불필요한 형식에 구애받지 않도록 하여 논의와 의사결정이 최대한 신속하게 이루어질 수 있도록 하였다. 그러다보니, 하루에 본부장실에 들어오는 직원 숫자가 많을 때는 70명이 넘기도 하여 체력적으로 부담이 되기도 하였으나 기꺼이 감내하였다.

　　서울출입국외국인청이 1990. 12. 체류외국인이 많지 않았을 때 목동에 자리를 잡아 업무공간이 매우 협소하고 노후화하여 새로운 부지의 확보가 직원들의 오랜 숙원이었는데, 직원들이 쾌적하고 여유로운 공간에서 근무를 해야 업무에 전념하면서 민원인에게도 친절한 서비스를 제공해줄 수 있다는 생각에서 부임 초기부터 각고의 노력을 하여 부임 1년여 만인 2019. 1. SH공사 소유의 서울동부구치소 옆 문정지구 법조타운 유휴부지 9,034㎡를 확보하였으며(국격에 걸맞는 출입국외국인서비스 제공을 위한 서울청 부지 필요성에 대하여 공감하시고 전폭적으로 도와주신 고 박원순 시장님께 깊은 감사의 말씀을 드린다), 아파트관리사무소 같다는 말을 듣던 '출입국관리사무소' 이름도 60년 만에 '출입국·외국인사무소'로 변경하고 3급 이상 고위직 간부가 근무하는 '사무소'를 '청'으로 승격시킴으로써 체류외국인 200만 명 시대의 달라진 정책 환경을 반영하고 직원들이 자존감을 가지고 업무를 할 수 있도록 하였다.

2018년 인도네시아에서 이민당국자와의 고위급회담을 마치고 귀국할 때에는 정년이 몇 달 남지 않은 고참 간부에게 본부장용 비즈니스 좌석을 양보함으로써 예우하고 대신 필자는 그분의 이코노미 좌석으로 귀국하는 등 '어다공'으로서 최대한 낮은 자세로 '늘공'을 존중하며 조직을 이끌려고 노력하였다.

가. 적극 행정

EU보다 4년 앞선 전자여행허가제(K-ETA)

본부장으로 부임하였을 때, 사증(비자)면제협정과 무사증(비자) 제도에 따라 사증(비자) 없이 입국한 후 체류기간 내 출국하지 않고 그냥 불법체류 상태가 되어버리는 외국인이 급증하고 있었다. 양국 국민들의 인적교류 활성화를 통한 외교관계 증진을 목적으로 사증(비자)이 면제된 것인데, 우리나라와 임금 차이가 4~15배 정도 나는 국가의 국민들이 단순 관광이 아니라 불법취업이라는 경제적 목적으로 입국하는 사례가 갈수록 증가한 것이었다.

<"사증면제협정"과 "무사증입국허가" 비교>('20. 4. 기준)

◆ **(사증면제협정, 총 69개국)** 사증면제 주요사항에 대해 양국 합의가 이루어지면 외교부장관이 외교 경로를 통해 조약 체결의 절차를 완료함으로써 발효

▶ 사증면제협정은 체류기간 90일 이내인 단기체류자로 관광・방문 등의 일상적인 용무수행자에 한해 적용

(정지 절차) 장관 재가 등 내부절차 → 상대국 통보 → 관보 고시

◆ **(무사증 입국허가, 총 46개 국가지역)** 법무부장관이 관광, 국가의 이익 등을 위해 입국이 필요하다고 인정하는 국가 국민에 대하여 일방적으로 지정

(정지 절차) 법무부장관의 일방적 조치로 정지 가능

◆ **최근 추세는 "무사증입국허가"**

▶ 2000년 이후 체결한 "사증면제협정"은 총 69개국 중 10개국에 불과

▶ "무사증입국허가"는 미국, 일본, 캐나다, 뉴칼레도니아, 호주 등 5개국을 제외하고 총 46개국 중 41개국에 대해 2000년 이후 시행

물론, 이들이 우리 국민들이 잘 가지 않는 농업이나 어업 현장, 그리고 3D 제조업 현장에 가서 일하는 경우도 있기는 하지만 이미 오래 전부터 국내 일손 부족 현상에 대처하기 위하여 외국 정부와 체결한 MOU 하에서 합법적인 외국인근로자(E9) 시스템을 운용하고 있는 상황에서 사증(비자)면제협정과 무사증(비자)로 입국한 외국인들이 무비자 체류기간 내에 본국으로 돌아가지 않고 농어업 및 제조현장 등에 편법적으로 유입되는 것은 합법적인 외국인근로자 활용시스템의 근간을 훼손하는 것일 뿐만 아니라 법질서 경시 풍조를 초래하는 문제가 있다. 농어업에 비하여 임금수준이 높고 접근성도 좋아 우리 국민들이 상대적으로 선호하는 건설현장이나 이사업 등 분야에도 유입되어 우리 국민들의 일자리를 잠식하는 사례까

지 발생하였다.

법무부 출입국당국은 우리 국민의 일자리 잠식 사태를 막기 위해 불법취업·체류 단속을 하고 있다. 하지만, 급증한 불법취업·체류 외국인 단속을 제대로 하기에는 단속인원이 절대적으로 부족하고, 특히 건설현장 같은 경우는 쇠파이프 등 위험한 자재와 고층에서의 추락 위험 등으로 단속이 현실적으로 매우 어렵다. 단속인원의 부족이라는 상황을 극복하기 위하여 수시로 관계부처에 협조요청을 하여 합동단속을 하기도 하지만, 관계부처도 고유의 업무가 있기 때문에 기대한 만큼의 효과를 거두기도 쉽지 않다.

이미 입국하여 불법취업·체류하고 있는 외국인에 대한 단속이 이와 같이 한계가 있다 보니, 출입국당국은 공항만에서 입국심사를 할 때 불법취업·체류 가능성이 높은 외국인의 입국을 차단하기 위하여 더욱 까다롭게 심사하게 되었고, 이로 인해 하루에 100명 이상이 몇 시간 동안 비행기를 타고 인천공항에 도착하고서도 입국거부를 당해 우리 땅에 한발도 내딛지 못하고 바로 본국으로 돌아가곤 하였다. 공항에 근무하는 직원들은 직원들대로 업무 부담이 가중되었고, 종종 선의의 외국인 관광객이 피해를 입는 경우도 발생하였으며, 외국인의 본국에서 외교적 항의를 하거나 보복 차원에서 현지 체류 중인 우리 교민을 상대로 이민법을 까다롭게 적용하는 부작용도 발생하였다.

　이런 사건도 있었다. 하루는 A국 여성 B가 입국과정에서 재심사 대상으로 분류되어 입국재심과로 오게 되었는데, 재심사를 받고 있던 A국 사람들이 웅성대면서 B를 휴대폰으로 찍기 시작했다. 알고 보니, B는 A국의 유명 여배우이면서 유력 재벌가문의 며느리였는데, 이를 알아본 A국 국민들이 신기해하면서 사진을 찍은 것이었다. 워낙 A국 국민들의 불법체류율이 높다보니 출입국당국에서는 A국 국민들을 상대로 더욱 까다롭게 심사를 할 수밖에 없었고, 그 과정에서 B도 재심사 대상으로 분류되었던 것이었다. 우여곡절 끝에 B는 입국이 되었지만, 이 사건은 A국 현지 언론에 보도가 되었고 안 그래도 자국민들이 인천공항에서 입국거부당하는 사례가 많아 불만이 쌓이고 있던 A국 정부의 자존심을 크게 건드리고 말았다.

　그 결과, A국 정부는 현지에 무비자로 체류 중인 우리 교민들이 인접국가에 갔다가 바로 돌아오는 방식으로 체류기한을 연장하는 속칭 '비자런(Visa Run)'을 금지하였고 이 때문에 교민사회가 발칵 뒤집히는 일이 발생하였다. 교민들이 현지 우리 공관에 민원을 제기하는 등 사태가 일파만파 커져갔다. 결국, 우리 정부도 교민들의 민원을 외면하지 못하고 A국 국민에 대한 입국심사를 다시 완화할 수밖에 없었는데, 그렇게 되면서 A국 국민들의 불법체류율은 또 다시 높아지게 되었다.

　이처럼 사증(비자)면제협정국과 무사증(비자)국가의 불법체류율이 갈수록 높아지자 필자는 불법체류율이 특히 높은 몇몇 사증(비자)면제협정국과의 협정 중지나 무사증(비자) 중지를 검토하였다. 실제로 과거 몇몇 나라가 과도하게 높은 불법체류율 때문에 사증(비자)면제협정이 중지된 사례도 있었다.

　필자가 사증(비자)면제협정의 중지를 깊이 검토한 국가는 중앙아시아의 A국과 아시아의 B국, 아프리카의 C국이었는데, 막상 외교부와 협의를 해보니 해당국과의 각종 외교현안, 현지 체류 중인 교민 보호 문제, 북한이탈주민 관련 해외 협력, 고려인 환대와 6·25 참전 등 우리가 어려웠을 때 도움을 받았던 역사, 기업투자 문제 등으로 이들 국가와의 사증(비자)면제협정을 중지하는 것은 보통 어려운 것이 아니었다.

　특히, 사증(비자)면제협정은 무사증(비자)제도와는 달리 외교부 장관이 서명하여 효력이 발생하는 조약이기 때문에 이를 중지하는 것에 대하여 외교부도 큰 부담을 느낄 수 밖에 없었다. 다만, 아프리카의 C국의 경우는 A·B국에 비하여 부담스러운 외교현안이 상대적으로 적었는데, 마침 2018년에 C국 국민들의 우리 국민들을 상대로 한 블랙머니 사기사건이 반복적으로 발생하자 평소 C국과의 사증(비자)면제협정에 문제인식을 가지고 있던 필자는 우리 국민들의 피해발생을 이유로 외교부에 강하게 요청하여 C국과의 사증(비자)면제협정을 중지한 사례가 있기는 하나, 이는 아주 예외적인 경우였다.

그래서 사증(비자)면제협정은 그대로 두되 대신 사전에 온라인으로 무사증(비자) 입국 외국인에 대한 충분한 정보수집·분석과정을 통하여 불법취업·체류 등으로 국경 및 체류외국인 관리에 부담이 될 가능성이 높은 사람에 대하여는 여행허가를 하지 않아 탑승을 원천 차단하고 대신 사전 여행허가를 받은 사람에 대하여는 우리 공항만에 왔을 때 까다롭게 심사하지 않고 입국 편의를 제고하는 새로운 시스템(전자여행허가제)을 현실적인 대안으로 고려하게 되었다.

전자여행허가제(ETA) 신청 흐름도

신청	적정성 심사 및 결과통보	발권 및 탑승	입국심사
본인(대행자)	전자여행허가센터	항공사 등	출입국심사관

미국이 2008년 우리나라에 대하여 비자면제프로그램(VWP. Visa Waiver Program)을 적용하여 우리 국민들이 그 전과 같이 미국영사관 앞에서 비자를 받으려고 긴 줄을 서서 대기하는 고생은 더 이상 하지 않게 되었지만 사전에 온라인으로 전자여행허가(ESTA)

를 받도록 하여 최소한의 심사장치를 두고 있는데, 우리도 사증(비자)면제협정은 그대로 두면서 대신 온라인으로 전자여행허가를 하여 사증(비자)면제협정의 부작용을 최소화하는 방안이었다.

그러나, 전자여행허가제에 찬성하는 직원들도 있었으나 소극적인 직원들도 있었다. 일부 직원들은 사증(비자)면제협정 상대국의 반발을 의식한 외교부의 반대, 외국인 관광객 유입 감소를 우려하는 관광업계와 문화체육관광부의 반발, 국경관리 정책에 큰 변화가 생기는 것과 새로운 업무가 생기는 것에 대한 심리적 거부감, 법안 개정 및 예산 확보의 부담감 등을 이유로 소극적이었는데, 특히 소관과에서 무척 부담스러워 하였다. 소관과는 결론이 났을 때 책임지고 추진해야 할 업무 부담을 직접 떠안게 되는 것이라, 어쩌면 당연한 반응이기도 하였다.

필자는 내심 전자여행허가제 도입 방침을 정했지만 소관과를 무리하게 압박하지는 않았다. 대신, 소관과에 필자의 의지와 메시지가 전파되어 공감대가 자연스럽게 형성될 수 있도록 간부회의에서 지속적으로 공론화를 하였다. 업무 부담이 갑자기 늘어나는 것을 반길 공무원은 없기 때문에 소관과 직원들이 해당 업무를 흔들림 없이 추진하기 위하여는 소관과 직원들이 정책 추진의 당위성에 대하여 공감하는 것이 필요하며, 다른 과에서도 소관과가 고생하게 된다는 것을 주지시키는 것이 필요했다. 그래야만, 소관과는 책임지고 추진하고 다른 과에서는 소관과의 업무 부담을 고려하여 적극 협력하는 분위기가 형성되어 본부 전체가 하나의 팀이 될 수 있다고 생각했기 때문이다.

몇 달에 걸친 공론화 작업 끝에 소관과 과장은 간부회의에서 '한 번 해보겠습니다. 많이들 도와주세요' 하면서 웃으면서 말을 하였고, 그리하여 전자여행허가제 도입은 본격적으로 추진할 수 있게 되었다.

그 후 필자는 2년이 넘는 기간 동안 헌신적인 직원들과 함께 법안을 마련하고 사증(비자)면제협정의 현황과 문제점 그리고 전자여행허가제 도입의 불가피성 등에 관하여 외교부·문화체육관광부 등 관계기관을 설득하였으며, 국회의원을 섭외하여 출입국관리법 개정안을 발의한 후 개정하고(2020. 1.), 국회에서 장기간 대기하면서 기재부 간부를 면담하여 전자여행허가제의 조속한 도입의 필요성을 설득함으로써 예산을 예비비로 조기에 확보하는 등 국회, 외교부, 세종시에서 온몸으로 전력투구하였다.

그 결과 대한민국 국경관리 70년 역사의 대전환이 된 전자여행허가제(K-ETA)는 2021. 5. 시범운영 후 2021. 9. 1.부터 본격적으

로 시행되게 되었다. 전 세계에서는 5번째이고 아시아에서는 최초
이다.

이렇게 시행된 전자여행허가제는 2021년도 법무부 적극행정 사
례와 2021. 10. 유엔 대테러실의 '전 세계 국경보안관리 실태평가'
우수사례로 선정되었으며, 같은 달에 개최된 '2021 정부혁신 우수
사례 통합 경진대회'에서는 동상을 수상하였고, 그 후 2021. 11. 정
부혁신박람회에 법무부 대표브랜드로 '안전한 한국' 분야 우수사례
로 참여하기도 하였다.

🌀 법무부	보 도 자 료	국민이 공감하는 공존의 정의 민생에 힘이 되는 법무행정
보도일시	배포 즉시 보도	총 9쪽(붙임 6쪽 포함) / 사진 없음
배포일시	2021. 4. 29.(목)	담당부서	출입국·외국인정책본부 출입국심사과
담당과장	반재열 ▨▨	담 당 자	사무관 류재석 ▨▨

법무부, 전자여행허가제[K-ETA] 5월 3일부터 시범 운영
– 한국 입국 시 사전에 K-ETA 홈페이지[www.k-eta.go.kr] 또는
모바일 앱[k-eta]을 통해 신청 해야 –

○ 법무부(장관 박범계)는 그간 제도설계, 관계기관 협의, 시스템 구축 등
2년간의 준비과정을 거쳐 **금년 5월 3일부터 대한민국 전자여행허가**
(K-ETA, Korea Electronic Travel Authorization) 제도를 시행할 예정입니다.

2021. 9. 27.자 피앤피뉴스 기사

법무부, 전자여행허가제도 등 적극행정 우수사례 선정

김민주 ▨ / 기사승인 : 2021-09-27 12:34:00

EU의 경우도 2016. 11.경 프랑스와 벨기에에 있었던 테러 공격 이후 유럽연합 의회에서 국경보안 강화를 위해 2018. 4.경 전자여행허가제와 유사한 유럽여행정보허가시스템(ETIAS)을 2020년에 도입하기로 결정하였으나, 코로나19 등으로 2023. 5.으로 연기되더니 다시 2024년으로 연기되었는데, 최근 뉴스에 의하면 또 다시 2025년으로 연기되었다고 한다.

2018. 4. 26.자 뉴스1 기사

EU 여행 깐깐해져..."9천원내고 사전허가 받아야"

이르면 2020년부터 유럽여행정보허가시스템 시행

(서울=뉴스1) 박승희 기자 | 2018-04-26 17:09 송고

2023. 2. 8.자 파이낸셜뉴스 기사

"유럽 무비자 입국시 사전 방문허가 필수" 올해부터 달라지는 해외여행 정보

조용철 입력 2023. 2. 8. 08:09 수정 2023. 2. 8. 09:18

2023. 10. 27.자 글로벌이코노믹 기사

EU 온라인 입국허가제, 2025년으로 또 시행 연기

 김현철 기자 입력 2023-10-27 09:12

EU와는 달리 우리는 코로나19 전부터 치밀하고 차질 없이 준비하여 이미 2021. 9.부터 시행하고 있는 것이다. 높아진 우리나라의 국제적 위상에 걸맞는 국경관리제도가 시의적절 하게 도입된 것에 큰 보람을 느낀다.

전자여행허가제가 입국 여행객 모집에 영향을 미치자 여행업계가 제도의 폐지를 요구한다는 소식이 들린다. 여행업계의 고충에 마음이 무거워진다. 그러나, 전자여행허가제는 사증(비자)면제협정을 폐지하지 않으면서도 협정의 부작용(불법체류·취업자 급증과 이로 인한 공항만 입국거부 등의 악순환)을 최소화하기 위한 고육지책이다. 지속가능한 사증(비자)면제협정을 위하여서는 제도 운영의 묘를 살리면서 개선하는 것이 바람직하지 않나 생각한다.

전자여행허가제 시행 후 부수적으로 발생한 수수료 수입은 2023. 8.말 현재 384억 원이다. 전자여행허가제 도입에 많은 고생을 한 김두락·안동관·구본준·반재열 과장, 류재석 서기관, 손흥기 사무관, 김주현·이혜미 계장에게 감사의 뜻을 전한다.

54년 만에 에일리언을 없애다

출입국본부는 수시로 일선 사무소 직원들의 제도 개선 아이디어를 받아서 검토하는데, 필자가 2017. 9. 본부장으로 부임하였을 당시 본부 소관과에서 채택한 아이디어를 일괄 취합하여 서면보고를 하는 방식으로 업무가 처리되고 있었다. 본부장 부임 후 한 동안은 주요 현안 파악과 대응으로 여유가 없었기 때문에, 일선 사무소 직원들의 아이디어가 이렇게 채택되고 있구나 정도로만 생각했다.

그런데, 주요 현안 파악과 대응이 어느 정도 끝난 후에 생각해보니, 필자가 보고받아야 할 것은 채택된 아이디어가 아니라 채택되지 않은 아이디어라는 생각이 들었다. 공무원은 기본적으로 변화를 원하지 않는 경향이 있는데, 그럼에도 불구하고 소관과에서 채택할 정도의 아이디어라면 굳이 본부장이 관심을 가지고 살펴볼 이유가 없으며(몇 달 동안 보고받은 채택된 아이디어들은 모두 당연히 채택될 만한 내용들이었다), 오히려 소관과 직원들이 관성에 따라 소극적인 판단을 할 가능성이 높은 불채택 아이디어를 본부장이 관심을 가지고 직접 살펴보는 것이 필요하다는 생각이 들었다.

그렇게 하게 되면 안 그래도 챙겨야할 사안이 많은 본부장으로서의 업무 부담이 가중되는 것은 불가피한 일이었다. 하지만, 필자는 불채택 아이디어 자료를 일단 캐비닛 안에 넣어두었다가 일과 시간 후나 주말에 시간을 내서 검토하면 되겠지라는 생각으로 간부회의에서 취지를 설명하고 지시하였다. 이때, 일선 사무소 직원이 제안한 아이디어가 A라고 할 때 A를 액면 그대로 채택하기 어렵다고 해서 바로 단순하게 불채택으로 결론내리지 말고 A′나 A″와 같은 대안 가능성 여부도 적극 검토하여 달라고 당부하였다.

그 후, 아이디어를 불채택하면 필자가 다시 검토해서 불채택된 사유에 대하여 물어볼 것이 예상되었기 때문에 본부 각과에서 일선 사무소 직원들의 아이디어를 훨씬 더 신중하게 검토하게 되었고 아이디어 채택 비율도 많이 높아지게 되었다.

그러던 중, 불채택 아이디어 하나가 필자의 눈길을 사로잡았다. 대구사무소 서원용 계장이 제안한 아이디어였는데, 외국인등록증의 영문 명칭인 '에일리언 레지스트레이션 카드(Alien Registration Card)'에서 '에일리언(Alien)'이란 용어가 외계인 영화로 유명한 '에일리언'을 연상시키기 때문에 외국인들이 불편해하며, 그래서 '에일리언(Alien)'이란 용어를 삭제하자는 아이디어였다. 상당히 공감이 갔다.

소관과의 불채택 이유는 "제안이 일리 있기는 하지만 미국에서도 '에일리언(Alien)'이란 용어를 사용하고 있다"는 것이었다. 영어의 본고장인 미국에서도 '에일리언(Alien)'이란 용어를 사용하고 있기 때문이라는 불채택 이유도 일응 이해가 되었다. 하지만, 영어의 본고장인 미국에서 '에일리언(Alien)'이란 용어를 사용하고 있다고 하더라도 차별적인 어감의 '에일리언(Alien)' 용어를 계속 사용하는 것이 맞는가라는 의문이 들었고, '에일리언(Alien)'이란 용어가 외계인 영화로 유명한 '에일리언'을 연상시키기 때문에 외국인들이 불편해한다는 제안이유가 더 합리적으로 보였다.

간부회의에서 해당 아이디어가 상당히 설득력이 있지 않느냐고 하면서 의견을 물어보았다. 막상 활발한 토론이 진행되자 다수의 간부들이 해당 아이디어에 찬성하는 모습을 보였다. 필자는 정책고객인 체류 외국인들의 생각은 어떤지 궁금하여 모범적인 외국인으로 구성된 이민자멘토단에 의견을 물어보는 한편, 민관전문가로 구성된 이민정책자문위원회, 외국인정책실무위원회, 이민정책연구원 등을 통해 우리 국민의 의견도 수렴해보았다. 이민자멘토단의 반응은 폭발적이었다. 이들은 한결같이 '에일리언(Alien)' 용어에 대하여 거부감을 가지고 있었으며, 법무부가 개선 움직임을 보이는 것을 크게 반겼다. 우리 국민들도 외국인등록증에 '에일리언(Alien)' 용어가 사용되는 것의 문제점에 공감하여 필자가 가졌던 문제인식이 틀리지 않았음을 확인할 수 있었다.

그리하여, 필자는 외국인등록증에서 '에일리언(Alien)'이란 용어를 삭제하는 것으로 방침을 정하였다. 다만, 법무부가 일방적으로 시행규칙 개정으로 추진하는 방식이 아니라, 그때까지 공식 출범하지 않은 상태였던 이민자멘토단의 위촉식을 개최하여 추미애 법무부장관님께서 이민자멘토단의 제도개선 건의를 수용하는 방식으로 추진하는 방안을 기획하였다.

두 가지 이유가 있었다. 하나는, 법무부장관께서 정책고객으로부터 직접 건의를 받아 결단을 내려 정책을 시행하는 방식으로 하는 것이 장관을 모시는 참모로서의 역할이라고 생각했기 때문이다. 사전 보고를 받은 장관께서도 적극 공감을 해 주셨다.

두 번째는 비록 맨 처음 아이디어는 일선 사무소 직원이 제안한 것이기는 하였지만, 정책고객인 이민자멘토단이 정책 입안과 추진에 적극 관여하는 방식을 통하여 제도 개선의 당위성을 더 부각하고 정책고객의 만족도를 훨씬 더 높일 수 있다고 생각했기 때문이다.

2020. 5. 13. 법무부에서 열린 '제1기 사회통합 이민자멘토단 출범식'에서 이민자멘토단은 장관에 대한 건의사항 중 하나로 '에일리언(Alien)' 용어를 폐기 해달라고 요청하였고 추미애 장관님께서는 이를 흔쾌히 수용한 후 그 자리에서 바로 필자에게 개선 지시를 하였다. 이민자멘토단 외국인들이 크게 환호한 것은 물론이다.

법무부 법TV 유튜브 방송 썸네일

2020. 6. 1.자 뉴스1, 2020. 6. 7.자 아시아투데이 기사

그 후 시행규칙 개정 작업은 순조롭게 진행되었고, 여러 후보 안 중에서 선호도가 가장 높고 유럽연합(EU) 국가·일본·중국 등 많은 국가에서 널리 사용 중인 '레지던스 카드(Residence Card)'를 외국인등록증의 새로운 영문표기로 결정하게 되었다.

외국인등록증에서 '에일리언(Alien)' 용어를 폐기한 것은 국민의 입장에서는 별다른 의미가 없는 일일 수 있으나, 입장 바꿔놓고 생각해보면 우리와 함께 살아가고 있는 외국인의 입장에서는 매우 큰 의미를 지니는 것이었다. 체류외국인이 200만 명이 넘는 시대에 우리 주위의 외국인에 대한 이질감을 완화하고 국민과 외국인이 서로 존중하면서 공존하는 사회분위기를 조성하는데 매우 중요한 의미가 있지 않나 생각한다.

이민자멘토단도 자신들이 '에일리언(Alien)' 용어 폐기에 큰 기여를 했다는 자부심을 가지게 되었고, 법무부에 감사의 뜻을 전하였다.

우리가 '에일리언(Alien)' 표현을 삭제한 그 다음해인 2021년 초 바이든 미국 대통령이 이주민을 지칭할 때 '에일리언(Alien)' 표현을 사용하는 것을 중단하라고 지시하였다는 뉴스가 전해졌다. 우리가 미국보다 먼저 '에일리언(Alien)' 표현을 없애는 계기를 제공한 서원용 계장에게 감사의 마음을 전한다.

2021. 2. 18.자 미디어오늘 기사

바이든 정부, 국토안보부에 "'에일리언'표현 중단하라"

김예리 기자 입력 2021. 2. 18. 20:05

여경래 쉐프의 감사 인사

2017. 9. 본부장으로 부임하였을 때, 출입국당국에 가장 오랫동안 제기되고 있던 민원은 국내 체류 중국동포 등 외국국적동포와 화교들의 '외국인등록증 한글이름 병기' 민원이었다.

국내에 체류하고 있는 외국국적동포 중에서도 특히 중국동포들은 '중국에서도 거민신분증에 한글 이름을 표기함으로써 한민족으로서의 정체성을 지킬 수 있었다. 심지어, 한글 이름을 한자 이름 위에 표기하였다. 그런데, 막상 모국에서 한글 이름을 외국인등록증에 표기할 수 없다는 것은 납득이 되지 않는다. 일상생활과 금융 거래에서 서로 다른 이름으로 불리어지고 있어 나도 그렇고 상대방도 혼란스러워 할 때가 많다'며 많은 불편을 호소하면서 모국에 서운함을 많이 가지고 있었다. 1882년 임오군란 때 청나라 군대와 함께 국내에 들어온 후 국내에서 3~4대째 살고 있는 화교 역시 비슷한 민원을 지속적으로 제기하였다.

이 민원은 필자가 과장으로 근무했던 10년 전에도 본부장 주재 간부회의에서 간간이 들었던 다른 과의 민원이었는데, 필자가 본부장으로 부임할 때까지도 여전히 해결되지 않고 있었던 것이다. 1992년 한중 수교 이후 중국동포들이 국내로 들어오기 시작하면서 제기된 민원이었기 때문에 20년이 넘는 해묵은 민원이었던 셈이다.

법무부 보도자료 중

독립유공자의 증손자인 중국국적동포 A는 부모님이 한민족의 자긍심을 갖도록 한국식 한자로 이름을 지었고 어렸을 때부터 한글이름으로 호명되어 한민족으로서의 정체성과 자부심도 가지고 있었으나 우수인재로 선발되어 국내 상위권 유명 사립대학 유학을 위해 대한민국에 입국하여 발급받은 외국인등록증에는 중국식 발음의 영문성명으로만 표기되어 그 이름으로 불릴 때마다 생소할 뿐만 아니라 동포가 아닌 것으로 오해받는 등 차별받는 느낌이 드는 경우가 많았음

미국대학에서 박사학위를 취득하고 국내 대기업 연구소에서 연구원으로 근무 중인 중국국적동포 김○○은 국내에서 생활하는 동안 몇 개의 이름을 알고 있어야 함.
회사에서는 한자의 한글식 성명(김○○), 은행에서는 한자의 원지음 영문성명(JIN ○○), 건강보험증에는 영문성명을 한글로 읽은 성명(진○○)이 사용되고 있어 상황별로 어떤 성명이 사용되었는지 일일이 기억하고 있어야 되고 아파트 월세계약서를 작성할 때는 어떤 이름을 사용해야 할지 몰라 당황했던 경험이 있었음

인천에서 중식당을 운영하고 있는 'CHIANG ○○'는 국내에 출생한 재한화교로 외국인등록증에 '강○○'이라는 한글성명이 병기되어 있고, 1998년 이전에 출생한 첫째 자녀 또한 등록증에 '강○○'이라는 한글성명이 있으나 2002년에 출생한 자녀는 한글성명 병기 신청 시기(10세 까지)를 놓쳐 등록증에 영문성명 밖에 없고 그로 인해 부자의 성이 다른 것처럼 비춰져 부자관계가 맞는지 의심하는 경우가 있으며 그때마다 한자를 대만 원지음으로 읽으면 'CHIANG'이고 한글식으로 읽으면 '강'이라고 설명해도 다른 증명서류를 요구하는 등 불편이 많음

▲ 한글 이름이 없어 불편을 겪은 다양한 사례 / 법무부 보도자료

과거 과장으로 근무하면서 간부회의에서 간접적으로 접했을 때부터 '일리 있는 민원인데 왜 쉽게 고치지 못하지?'라는 문제인식이 있었던 필자는 소관과와 심층 토론을 해 보았다. 얼핏 보면, 그다지 복잡한 민원이 아니기 때문에 20년 넘게 해결되지 않을 이유가 없어보였지만, 고질적인 민원으로 남아 있었던 것은 그만한 이유가 있었다.

그것은 소관과에서 반대이유로 밝힌 '국제적으로 여권 등 신분증의 영문표기는 영문성명 표준화 원칙에 따라 철저히 관리해 오고 있어 곤란하다', '중국동포와 화교에 대하여 허용해줄 경우, 일반 외국인도 해달라고 요구할 수 있는데 일반 외국인의 경우는 한글표기 방법이 매우 어렵다', '신분세탁으로 인해 거래관계에 있어서 혼란이 우려된다', '법무부만의 문제가 아니라 금융권 등 관계기관의 협의가 필요하다'는 등의 사유가 일응 설득력이 있었고, 다른 시급한 현안에 밀려 크게 관심을 받지 못했기 때문이었다. 하지만, 필자는 중국동포와 화교의 문제제기가 직원들의 반대이유보다 더 설득력이 있다고 판단하였다. 그래서 한번 의지를 가지고 부딪쳐 보기로 하였다.

필자는 국권이 상실된 일제시대에 독립운동 등의 이유로 자의 반타의 반 중국으로 이주하였던 동포들의 아픈 역사적 배경과 신산한 삶, 중국동포들이 중국에서도 유지하였던 한민족으로서의 정체성을 국내에서 계속 유지할 수 있도록 배려해주는 것이 국내에서 한민족으로서의 자긍심을 가지고 안정적으로 거주하는데 도움이 되는 점, 한 때 10만 명이 넘었으나 이제는 2만 명 미만으로 줄어든 대표적인 장기체류 외국인인 화교의 역사와 특수성, 사회적 소수자인 이들에 대한 우리 사회의 포용과 사회통합적 의미 등을 강조하면서 직원들을 설득하였다.

또, 중국동포와 화교의 역사적 배경과 한자문화권이라는 특수성이 있으므로 일반 외국인과의 형평성 논란을 우려하여 반대하는 것은 설득력이 부족하지 않냐고 반문을 하였다. 영문성명에 한글 이름을 병기한다고 해서 영문성명 표준화 원칙에 반하는 것도 아니며, 일반 외국인의 한글 이름 표기방식도 이번 기회에 시간을 가지고 고민해나가면 될 것 아니냐고도 설득을 하였다.

우리 국민의 불편 해소를 위하여서도 한글성명 병기정책은 필요하다는 점을 강조하였다. 일상 생활에서 '김미화(金美花)'로 불려지는 중국동포가 금융거래 등에 있어서는 '진메이화(JIN MEIHWA)'로 표기되거나 '진메이화'로 불리어지다 보니, 거래 상대방인 우리 국민의 입장에서도 어느 것이 진짜 이름인지 헷갈려 하는 문제가 종종 발생하고 있었기 때문이다. 그리고, 금융위원회나 은행권 등과 실제로 업무협의를 해보지도 않고 금융거래에 있어서 혼란이 우려되기 때문에 곤란하다고 하는 것은 지나친 노파심이 아니냐고 반문하였다.

본부장인 필자가 의지를 가지고 끈질기게 설득하자, 처음엔 소극적이던 소관과에서도 더 이상 버틸 수가 없다고 판단했는지 결국 한글이름 병기정책을 추진하는 것으로 결정이 되었다. 막상 방침이 정해지자 직원들은 책임감을 가지고 독립유공자 후손 중국동포·화교

단체 등 정책고객과의 간담회, 금융위원회 등 관계부처 협의 등을 적극적으로 하였고, 그리하여 추진한지 1년이 넘은 2019년도에 드디어 한글이름 병기정책을 시행할 수 있게 되었다.

　마침, 2019년은 3. 1 운동과 상해임시정부 수립 100주년으로 특별한 의미가 있는 해였는데, 필자는 중국동포 등의 한민족으로서의 정체성 고취에 의미가 있는 한글이름 병기정책 시행일을 임시정부 수립 100주년 기념일인 2019. 4. 11.로 정함으로써 역사적 의미까지 부여하였다.

법무부 보도자료

법무부	보다나은 정부	**보 도 자 료**	공정하고 정의로운 사회 인권이 존중받는 사회
보도일시	배포 즉시 보도	총 5쪽 / 사진 없음	
배포일시	2019. 3. 28.(목)	담당부서	법무부 출입국외국인정책본부 이민정보과
담당과장	이상달	담 당 자	윤철민 사무관

3.1운동 및 대한민국 임시정부 수립 100주년을 맞이하여 외국국적동포 등 포용 및 생활편의 제고를 위해

외국인등록증에 한글성명을 병기합니다.

- 적극적인 행정으로 수년간에 걸친 고질·반복민원 해소 -
- 외국인 호명에 불편을 겪던 국민들의 불편함도 해소 -

[현행 외국인등록증 성명 표기]
▸ **(성명 표기 기준)** 여권에 있는 영문성명을 표기
▸ **(예외적 한글성명 병기)** 1998. 10. 22. 이전에 외국인등록을 하고 체류 중인 영주자격 재한화교 및 그의 10세 미만 자녀와 가족관계등록부 등 대한민국 공적장부에 한글성명이 있는 외국국적동포 등 일부(약 6만여 명)에 대해서만 영문성명과 한글성명 병기
※ 재한화교 성명은 한자와 한자의 한글식 발음 성명으로 관리되었으나 '98.10.22.부터 외국인 성명표기 국제표준에 따라 여권의 영문성명으로만 관리되고 있음

2019. 3. 28.자 뉴스1 기사

中동포·재한화교 외국인등록증에 영문성명과 한글성명 병기

김현 기자   입력 2019. 3. 28. 12:11

이 정책은 2019년 국민생활밀접 민원제도개선 정부부처 경진대회에서 동상(행안부장관상)을 수상하였으며, 소관과 실무자는 2019년도 법무부 적극행정 최우수상(법무부장관상)을 수상하였다.

2019. 6. 26.자 파이낸셜뉴스 기사

법무부, 적극행정 우수공무원 선정 장관표창 수여

박지애   입력 2019. 6. 26. 11:43

최우수 수상자는 법무부 이민정보과 임동영 주무관으로, 외국인등록증 한글성명 병기로 중국동포 등이 국내 생활 중 휴대폰, 은행계좌 개설 등 금융거래까지 한글성명을 사용할 수 있는 시스템을 갖춰 외국인의 생활 편의 증대와 사회 통합에 기여했다.

정책대상인 중국동포들과 화교 단체는 오래된 숙원을 해결해 주어 고맙다고 하면서 깊은 감사의 뜻을 법무부에 밝혔고, 정통 중식 요리로 유명한 화교 여경래 셰프는 법무부의 홍보영상에도 직접 출연하여 한글병기정책으로 일상 생활이 많이 편리해지게 되었다면서 감사의 뜻을 전하기도 하였다.

법무부 보도자료

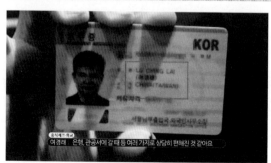

한글성명 병기 관련 동포단체 및 화교협회 반응

♣ 중국동포한마음연합총회 (김용선회장)

중국의 소수민족자치구에서는 민족 고유의 언어가 일상생활에서 자유롭게 사용됨은 물론 중국정부가 발급하는 신분증에도 소수민족 언어가 한자보다 먼저 표기되는 등 민족적 정체성을 유지할 수 있도록 하고 있음에도 불구하고 한국에서는 중국동포를 다른 외국인과 동일하게 대우하여 한글성명 조차도 가질 수 없도록 제한하고 있어 동포에 대해 역차별을 하고 있는 것으로 느껴졌음

중국동포사회에서는 한민족 정체성 유지나 동포라는 특수관계를 고려하여 외국인등록증에 한글성명이 병기될 수 있도록 십수년간 정부에 요청하여 왔는데 그동안 줄곧 반영되지 않다가 문재인정부가 출범하면서 이번에 한글성명을 병기해 주는 조치를 취하는 것에 대하여 크게 환영하며 마음 깊이 감사하게 생각하고 있음.

♣ 한성화교협회 (곽원유총무)

재한화교 청소년 중 화교학교가 아닌 일반학교에 다니는 학생은 친구들 사이에서 외국인임을 숨기고 싶어 하나 학교에서 외국인등록증에 있는 대만 원지음 성명으로 불려 질 때마다 따돌림을 당하지 않을까 걱정하는 등 한국사회 동화를 위해서는 외국인등록증에 한글식 성명이 필요함을 실생활에서 많이 느끼고 있음. 이에 수년 전부터 한글명 병기를 요청해 왔으며 한글성명 병기 대상이 확대될 경우 그동안 재한화교가 겪고 있던 많은 불편들이 해소될 수 있어 이번 조치에 대하여 매우 감사하게 생각함

KOR

여경래 은행, 관공서에 갈때 등 여러 가지로 상당히 편해진 것 같아요

"외국인등록증, 이제 한글 이름도 쓸 수 있어요!" ⓒ 법무부tv <영상보기 클릭>

외국인등록증에 한글성명을 병기한 것은 그것으로 끝이 아니었으며, 통장과 휴대폰도 한글이름으로 개통할 수 있는 편의까지 목적으로 한 것이었다. 그래서, 필자는 소관과로 하여금 방송통신위원회, 과학기술정보통신부 등과 적극 협의하여 전산시스템을 개선하도록 하였고, 1년이 넘는 협의 결과 2020. 6. 8.부터는 외국인등록증에 한글이름이 병기된 재한화교와 외국국적동포 등 80여만 명이 한글이름으로 실명확인을 한 후 통장개설과 휴대폰 개통을 하는 것도 가능하게 되었다.

한글 이름으로 통장개설과 휴대폰 개통을 가능하게 한 것은 2020년 법무부 규제혁신 대표사례로 선정되었다. 많은 수고를 하신 이상달 과장, 김기성·윤철민 사무관, 임동영 계장에게 감사의 뜻을 전한다.

외국인도 한글 이름으로 휴대폰 개통이 가능해요...2020 법무부 규제혁신 대표사례

입력 2020. 7. 24. 18:05   수정 2020. 7. 24. 18:35

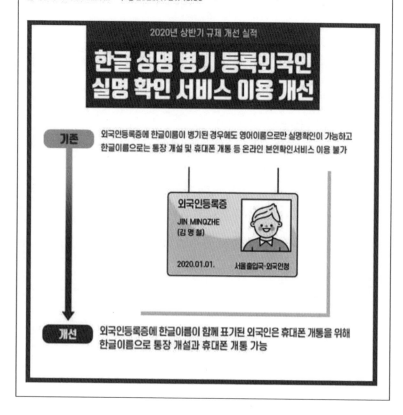

멸치와 용접공

필자는 본부장으로 근무하면서 과장들이 보고하는 내용에만 의지하여 업무를 처리하지 않고, 언론보도나 국민신문고에 접수되는 각종 민원들을 꼼꼼하게 체크하여 본부장으로서 선제적으로 챙겨야 할 일이 없는지 적극적으로 살폈다.

함께 근무한 공무원들의 성실성과 전문성에 대하여는 어떠한 의구심도 없었다. 다만 아무래도 직업공무원이다 보니 기존의 관행에서 과감하게 벗어나는 시도를 하거나 현장의 목소리를 민첩·민감하게 받아들이는데 있어서는 한계가 있을 수 있고, 외부 민간 전문가로 부임한 필자가 그 한계를 메꾸어주는 역할을 하는 것이 필요하다고 생각했다. 그것이 탈검찰화 정책을 추진하는 이유이기도 했다. 2019. 6. 통영과 거제에 내려가서 현장의 애로사항을 직접 경청하고 적극적으로 제도 개선을 한 것도 그러한 사례 중 하나이다.

2019. 상반기 멸치조업 외국인선원(E-10)의 어장막(고기잡이를 하기 위하여 설치해 놓은 막) 근무와 관련한 민원이 계속 제기되었다. 20톤 이상의 어선에 근무하는 것으로 취업허가를 받은 외국인 근로자가 조업으로 잡은 멸치를 건조, 선별하기 위하여 외딴 섬의 어장막에 잠시 내려서 관련 활동을 하는 것이 당초의 취업허가 위

반이라는 이유로 단속되어 불이익조치를 받는 것에 대한 제도 개선을 호소하는 내용이었다. 민원 내용이 일리가 있어보여서 소관과로 하여금 외국인근로자 취업허가의 원칙에서 벗어나지 않는 범위 내에서 전향적으로 검토할 것을 지시하였는데, 다행히 제도 개선 여지가 있다는 것이었다. 필자는 통영에 직접 내려가서 관계자들과 간담회를 가졌고, 그 후 소관과는 현장 방문·실사 작업을 거친 후 제도 개선을 하였다.

이렇게 제도 개선한 것은 2019년도 법무부 하반기 적극행정 1위에 선정되었고, 필자는 이때 참석한 관계자들로부터 감사편지를 받기도 하였다.

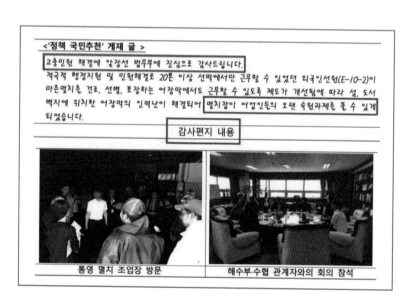

통영 멸치 조업장 방문 　 해수부·수협 관계자와의 회의 참석

통영에 간 날 오전에는 인근의 거제에도 갔다. 조선용접공 외국인력 고용과 관련하여서도 민원이 제기되고 있어서 필자가 직접 애로사항을 청취하여 해결방안을 알아보려고 하였다. 거제시청에서 열린 외국인력 정책간담회에 많은 조선소 관계자들이 참석을 하였고 인근 조선소에 직접 방문하여 용접인력의 현황과 실태를 직접 보기도 하였다. 그리고, 내국인의 고용을 침해하지 않는 범위 안에서 조선소 용접 외국인력(E7)이 가능한 한 빨리 비자를 받고 국내로 입국할 수 있도록 필요한 조치를 취하도록 하였다. 이 조치에 대하여도 당일 간담회에 참석하였던 하청업체 관계자로부터 감사편지를 받았다.

통영과 거제 일정은 이른 새벽에 내려가서 밤 늦게 올라오는 당일치기 일정이었는데, 비록 몸은 무척 피곤했지만 산업·어업 현장에 직접 방문하여 국민들의 애로사항을 경청하여 적극적으로 제도 개선을 한 보람 있는 경험이었다.

저는 OO중공업(주) 내에서 전기협력사 OO산업을 운영하는 OOO대표 입니다

본부장님께서는 매우 바쁘신 중에도 현장의 VOC를 직접하시기 위해 금년('19년) 6월4일 거제시청에서 외국인력 정책간담회를 주최하셨습니다. 본부장님이 간담회에 참석하여 현재 조선소의 현황과 외국인 기술인력의 채용에 대해 절박한 심정을 전했습니다

본부장님 다녀가신 후로 많은 변화가 있었습니다

___또한 베트남 기술인력들은 예상했던 것 보다 매우 성실하고, 기량이 우수하여 조선업 경쟁력 확보에 확실한 성과가 기대됩니다

제가 지금껏 여러 공공기관에 도움을 요청하고 지원을 받았지만 본부장님께서 계신 법무부보다 빠르고 정확한 행정서비스를 지원한 곳은 없었습니다. 특히 법무부 거제출입국 사무소 이봉규소장님의 적극적이고 합리적인 업무협조에 깊이 감사드립니다

본부장님께서 도와주셔서 입사한 베트남 전기기술자 E-7 VISA 인력들의 철저한 관리와 함께 한국 직원들과 동일한 복리후생 제도 운영을 통해 외국인 인력들의 근무 만족도를 높여나갈 계획입니다. 다시한번 본부장님의 적극적인 현장 지원에 깊이 감사드리며, 세계초일류 조선소 달성에 일익을 담당하겠습니다. 새해 건강하시고 만복이 깃드시길 기원합니다

감사메일 내용

거제시 조선소 작업현장 방문   거제시청 정책간담회 참석

85%의 마법

법무부 출입국당국은 2010년도에 단속된 불법체류 외국인에 대하여 범칙금 부과 정책을 시행한 적이 있다. 외국인이 국내에서 불법 체류하다가 적발되면 3천만 원 이하의 범칙금 부과 대상이 되기 때문이다. 그러나, 낮은 납부율과 외국인보호소의 행정력 부담 증가, 인권침해 논란 등의 현실적인 이유로 6개월 만에 철회하고 종전과 같이 범칙금을 면제하고 하루라도 빨리 외국으로 추방하는 정책

을 취하여 왔다.

그러다보니, 불법체류 외국인 입장에서는 '잡혀도 범칙금 내지 않고 그냥 출국하기만 하면 그만이니, 밑져봐야 본전이다'는 생각으로 자진하여 출국하지 않고 불법체류·취업의 유혹에 계속 빠지게 되는 악순환이 계속되었다. 법질서가 경시되고 준법의식도 해이해졌다. 출입국당국의 숙명적인 과제인 불법체류·취업 외국인 문제와 관련하여 근본적이고 획기적인 대책이 필요하였다. 땜질식 처방으로는 또 다른 부작용만 생길 뿐이었다.

먼저, 그때까지 시행되었던 모든 불법체류·취업 외국인 대책의 장단점을 분석하였다. 그리고, 소관과와 몇 달에 걸쳐 수십 번 넘게 검토회의를 하면서 범칙금 부과를 통한 벌질서 확립이라는 원칙을 어떻게 구현해 낼 수 있을 지 고민하였다.

그리하여, 불법체류 외국인이 자진하여 출국하든 단속되어 강제 출국되든 간에 불법 체류한 것에 대한 범칙금을 법에 따라 부과하는 것을 기본원칙으로 하되, 범칙금을 납부하는 경우에는 나중에 재입국하려고 할 때의 입국규제를 대폭 완화해주는 인센티브를 부여하고, 반대로 범칙금을 납부하지 않으면 영구 입국금지를 하는 등 입국규제를 대폭 강화하여 불이익을 주는 내용의 '외국인 체류질서 확립 및 선순환의 인적교류 활성화를 위한 불법체류 외국인 관리 대책'(선순환 불법체류 외국인 대책)을 마련하여 2019. 12. 11.부터 시행하였다.

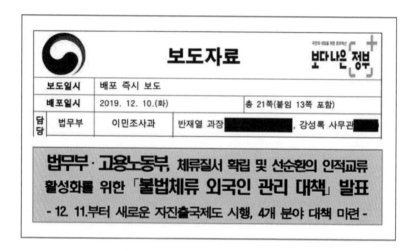

선순환 불법체류 외국인 대책을 마련할 때, 가장 고심했던 부분은 '어떻게 하면 자진출국과 범칙금 납부를 최대한 유도하여 정책의 실효성을 높일 것인가'였다. 정교하게 설계하지 않으면 2010년도에 범칙금 부과 정책을 시행했다가 15% 밖에 되지 않는 저조한 납부율과 외국인보호소 관리부담 증가와 인권침해 논란 등의 부작용 때문에 불과 6개월 만에 철회한 것과 같은 전철을 밟을 가능성이 높다고 판단하였기 때문이다.

필자와 소관과 실무자들이 머리를 맞대고 고안한 것은 범칙금을 납부할 경우에는 혜택을 더 크게 하고 미납할 경우에는 불이익을 더 크게 하되 범칙금 부과 고지를 할 때 관련 내용을 상세하게 설명해줌으로써 당사자가 범칙금을 납부하도록 최대한 유도하는 것이었다. 예전에도 범칙금을 납부하고 안하고 간에 입국규제 기간의 차이를 두기는 하였지만, 납부와 미납시의 차이점을 당사자에게 사전에 설명해주는 절차는 없었다. 단속에 걸려 출국되는 외국인들은 또 다시 국내로 입국하려고 하는 욕망이 있다는 현실을 정책에 고려한 것이었다. 다만, 집행유예 이상의 형사 처벌을 받거나 출국명령을 불이행한 전력이 있는 등 우리 사회의 안전에 위해가 될 수 있는 외국인은 대상에서 제외하였다.

아쉽게도 대책 시행 직후에 코로나19 사태가 갑자기 터지는 바람에 당초 자진출국 시기별로 정교하게 설계하였던 정책이 원안 그대로 시행되지는 못하였으나, 불법체류 외국인에 대한 범칙금 부과 원칙은 이때부터 정착이 되었다.

2020. 2.말과 3.초에 국내에서 코로나19 상황이 심각해졌을 때는 선순환대책과 맞물려 자진출국하려는 불법체류 외국인이 공항에서 줄을 설 정도로 급증하였으나, 그 이후 국내 상황이 외국보다 더 안전하게 관리되자 위험한 본국으로 자진하여 출국하려는 불법체류 외국인 규모가 눈에 띄게 감소하고 말았다. 코로나19로 인해

어쩔 수 없는 상황이었다.

2020. 3. 5.자 연합뉴스 기사

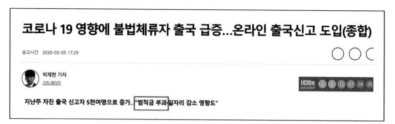

필자는 선순환 대책을 1년 넘는 시간 동안 각고의 검토와 준비 끝에 시행하였지만, 납부율이 얼마 정도 될지 무척 신경 쓰였다. 납부율이 과거처럼 저조하면 정책의 실효성에 대한 의문이 들 수 밖에 없고, 그 경우 또 다시 범칙금 부과 정책은 좌초할 수 밖에 없기 때문이었다. 그런데, 놀랍게도 범칙금 납부율이 15% 밖에 되지 않아 6개월 만에 중단되었던 10년 전과는 달리 납부율이 무려 85%나 될 정도로 상당수의 외국인들은 범칙금을 납부하고 출국하였다.

범칙금 납부율은 꾸준하게 높게 유지되었는데, 과거와는 달리 범칙금 납부 여부에 따른 혜택과 불이익의 차이를 확실히 하는 한편 범칙금 부과 고지 시에 충분히 설명하여 주도록 함으로써 출국 후 다시 국내로 입국하려고 하는 외국인들이 범칙금을 자발적으로 납부하도록 최대한 유도한 것이 주효한 것이 아닌가 생각된다. 선순환

대책이 시행된 지 3년이 다 되어 가는 2023. 8.말 기준으로 범칙금 수입은 144억 원에 달한다.

필자의 까다로운 재검토 지시에도 묵묵하게 고용노동부 등 관련 부서와 긴밀히 협의하며 선순환대책을 고치고 또 고쳐서 정교하게 설계하고 그 후 국내 외국공관 간담회, 외국인 밀집지역 방문 홍보, Q&A 20개를 포함하여 총 21쪽에 달하는 상세한 보도자료 작성 등으로 선순환 대책이 안정적으로 시행되도록 많은 고생을 한 당시 반재열 이민조사과장, 강성록·김영오 사무관, 김윤홍·장기연 계장에게 깊은 감사의 마음을 전한다.

어, 뺑소니범이 이렇게 빨리 송환되다니?

2019. 9. 16. 경남 창원에서 7살 어린이 뺑소니 사건이 발생하였다. 범인은 불법체류 중이던 카자흐스탄인이었는데 신원이 확인되었을 때는 이미 출국을 해버린 상태였다. 아이의 아빠는 청와대 국민청원까지 하면서 뺑소니범을 잡아달라고 호소하였고, 어린 아이가 피해자인 것과 뺑소니범이 그 사이에 해외로 출국해버린 것에 대하여 많은 국민들이 분노하였다.

청와대 국민청원 게시판에 올라온 창원 뺑소니범 청원글.

범죄인인도 소관과인 법무부 검찰국 국제형사과가 범죄인 인도에 필요한 절차를 취할 것으로 알려졌지만 이미 본국으로 출국해버린 범인을 국내로 송환시키는 것은 쉬운 일이 아니었다. 카자흐스탄 등 중앙아시아 국가의 경우에는 공식 범죄인송환절차가 무척 오래 걸릴 뿐만 아니라 자국민이 인도를 거부할 경우에는 복잡한 절차로 인하여 송환이 어려울 수도 있다고 알려지고 있었다. 국내 체류 외국인 관리 책임을 지고 있는 필자도 권한 범위 내에서 할 수 있는 일이 없는지 파악해 보았는데, 뺑소니범의 누나가 국내에서 불법체류 중이라는 사실을 알게 되었다.

필자는 범인 누나의 신병을 확보하여 남동생을 설득하도록 하면 어쩌면 자진하여 국내로 들어오게 할 수 있지 않을까하는 생각에서 특별검거팀 구성을 지시하여 누나의 신병을 확보한 후 외국인보호소에 유치하였다. 그리고, 주한카자흐스탄 대사관에 연락하여 악화된 국민감정과 누나의 신병확보 사실 등의 상황을 설명한 후 가족을 통하여 본인이 조속히 입국하도록 설득해 줄 것을 강력하게 요청하였다. 조속히 입국하지 않을 경우 우리 국민들의 분노 때문에 한·카자흐스탄 사이의 사증(비자)면제협정도 악영향을 받을 수 있다는 점도 엄중 고지하였다.

사증(비자)면제협정은 형식상 외교부장관이 체결하지만, 실질적인 검토와 결정은 법무부 출입국당국이 하고 있다. 카자흐스탄과의 사증(비자)면제협정은 2014년도에 체결되었는데, 사증(비자)면제로 입국한 후 불법체류로 전락하는 카자흐스탄인들이 너무 많아져서 필자는 그 전부터 주한카자흐스탄 대사관측과 접촉하여 심각한 우려를 전한 바 있었기 때문에 주한카자흐스탄 대사관측도 상황을 무겁게 받아들이는 분위기였다.

또한, 직원으로 하여금 한국에 체류하고 있던 카자흐스탄방송국 관계자들을 접촉하게 하여 우리 국민의 악화된 감정으로 한·카자흐스탄 사증(비자)면제협정에도 악영향을 미칠 수도 있다는 사실과 '국내 송환을 위하여 필요한 모든 조치를 강구하라'는 조국 법무부장관의 특별 지시가 카자흐스탄 현지 방송에 생생하게 전달되도록 하였고, 그 결과 카자흐스탄 현지에서도 뺑소니범에 대한 비난 여론이 일었다.

한편, 2019. 9. 24. 조국 법무부장관의 특별지시를 보도자료로 배포하는 것에 대하여 법무부 내 범죄인인도 담당부서(검찰국 국제형사과) 실무자들이 반대하였다는 내용의 한겨레신문(임재우 기자)의 단독보도가 있었다. 보도자료 배포는 범인으로 하여금 도망가라는 신호를 주는 것으로 오히려 송환에 방해될 수 있다는 반대의견이 있었다는 내용의 기사로서, 한보그룹 정태수 전 회장의 4남 정한근의 사례까지 인용하면서 보도자료 배포가 부적절하였다는 취지의 비판 내용이었다.

2019. 9. 24.자 한겨레신문 기사

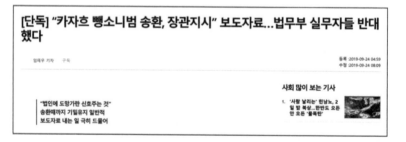

그런데, 이미 그 며칠 전에 KBS 등 유력언론에서 '우리 정부의 카자흐스탄 뺑소니범 인터폴 수배요청 사실'을 대대적으로 보도한 상황이었기 때문에 조국 법무부장관의 특별지시를 보도자료로 배

포한다고 해서 뺑소니범이 도망가게 된다는 것은 설득력이 없는 것이었다.

해당 기사는 통상적인 범죄인인도에 관한 절차와 사례를 염두에 둔 검찰국 국제형사과 검사의 시각이 무비판적으로 반영된 것으로서, 해당 사건의 전후 구체적 상황과 외교부와 출입국당국의 외교적 노력이나 절차 등에 관한 이해나 관심은 찾아볼 수 없는 것이었다.

법무부 내부 논의과정에서 반대의견이 제기될 수도 있는 일이지만 그런 내용이 언론에 기사화되는 것은 검찰 출신 법무부장관 시절에는 상상도 할 수 없는 일로서 당시 법무부 근무 검사들이 문재인 정부의 비검찰 출신 법무부장관, 특히 그 중에서도 검찰개혁 작업을 진두지휘하던 조국 법무부장관을 얼마나 적대적으로 바라보았는지 엿볼 수 있는 상징적인 장면이었다.

실무자의 반대의견이 있었다는 이 기사에 대하여 소관과인 검찰국 국제형사과는 당일 아래와 같은 설명자료를 배포하였다. 한편의 촌극이었다.

🏠 > 뉴스 > 사실은 이렇습니다

카자흐스탄 뺑소니범 국내 신속한 송환 위해 다각 노력

2019.09.24 법무부

> 법무부는 카자흐스탄 국적 뺑소니범 국내송환과 관련, "피해를 입은 **우리 국민의 법 감정, 이미 해외**
> **로 도피한 범인의 신속하고 효과적인 송환을 위해 조국 법무부장관의 지시를 공개**하기로 했
> 다"며 "**범죄인의 신속한 송환을 위해 다각도로 최선의 노력을 다하고 있다**"고 밝혔습니다.

▦ 9월 24일 한겨레신문 <"카자흐 뺑소니범 송환, 장관 지시">에 대한 설명입니다

[기사 내용]

조국 법무부 장관의 2019. 9. 19. '카자흐스탄 국적 뺑소니범의 신속한 국내송환 긴급지시'와 관련
하여 '보도자료 배포에 실무자들이 반대했다', '범죄인송환에 관한 보도자료를 내는 건 송환에 방해
될 수 있다'는 등의 내용 보도.

[법무부 설명]

○ 법무부 보도자료 배포시점 이전에 범인은 이미 국외로 출국하였고, 경찰은 이미 공개적으로 인
터폴 수배, 범죄인도도 추진 계획을 밝히고 있었습니다.

※KBS 「창원 뺑소니 외국인 우즈벡 출국, 인터폴 수배요청」 (9. 19. 11:37 게시), 경향신문 「초
등생 치고 달아난 뺑소니 불법체류자, 다음날 출국, 인터폴 수배 요청」 (9. 19. 11:38 게시)등 다수
기사 언론보도

○ 이러한 상황에서, 법무부는 피해를 입은 우리 국민의 법 감정, 이미 해외로 도피한 범인의 신속
하고 효과적인 송환을 위하여 조국 법무부장관의 지시를 공개하기로 결정하였습니다.

- 그 이후, 해외로 도피한 범인의 국내송환과 관련한 국내여론이 형성되었고, 이를 계기로 관련 외
국 정부에서도 국내여론의 심각성을 의식하며 본건을 보다 진지한 자세로 받아들이고 있습니다.

- 범인수배를 공개적으로 하는 것은 수사기법의 하나이고, 때로는 더 효과적이라는 것은 수사와
관련한 일반적인 상식에 해당하며, 이는 해외로 도피한 범인체포에서도 마찬가지입니다.

뺑소니범이 누나의 신병확보 소식을 듣고 자진 입국을 고민하고 있다는 정보가 입수되고 얼마 후 뺑소니범은 현지 경찰에 자진입국 의사를 밝혔고, 결국 출국 27일 만인 2019. 10. 14. 국내로 송환된 후 구속 기소되어 죗값을 받게 되었다.

2019. 10. 14.자 뉴시스 기사

'창원 초등생 뺑소니' 카자흐스탄인 송환..사고 27일 만

안채원 입력 2019. 10. 14. 08:00

범죄인인도 지연됐으나 친누나 수감 이유로 자수

또 A씨는 친누나가 범인은닉 및 불법체류 혐의로 한국에 수감 중인 점 등을 고려해 자수했다고 경찰은 전했다.

당시 주카자흐스탄 대한민국대사관 관계자도 현지 외교당국을 수차례 방문해 송환을 통한 문제 해결을 촉구하였으며, 우리 경찰도 인터폴에 수배를 하고 현지에 경찰관을 급파하여 카자흐스탄 경찰과 협력체계를 구축하는 등 관련된 모든 부서가 전방위적으로 움직인 결과, 불과 27만에 자진하여 입국하도록 하는데 성공한 것이었다.

필자가 취한 노력이 그러한 결과를 만들어내는데 어느 정도 기여했는지 알 수는 없지만, 분명한 것은 통상적인 범죄인인도 절차에 비하면 획기적으로 빠른 송환이었다는 사실이다.

이른 아침에 걸려온 술 취한 노동자의 전화

필자가 본부장으로 근무할 때 건설현장에서 불법취업 중인 외국인 때문에 일자리를 빼앗겼다고 하소연하면서 단속을 요구하는 민원이 끊이질 않았다. 아침 이른 시각인데도 벌써 홧김에 소주 한잔을 걸치고, '새벽 인력시장에 나갔는데 불법취업 외국인들 때문에 오늘도 허탕 쳤다. 단속 좀 해달라'는 민원전화를 하는 것이었다. 3D 제조현장 보다는 건설현장의 경우에 이러한 단속요구 민원이 더 많았는데, 체류외국인 관리 책임자로서 큰 책임감을 느꼈다.

그런데, 건설현장은 공사자재, 추락가능성 등으로 매우 위험하여 출입국직원들도 단속에 큰 부담과 어려움을 느꼈다. 단속과정에서 불법취업 외국인들이 건축 중인 건물 위로 올라가서는 여차하면 뛰어내릴 듯한 모습을 보이기 십상이라, 직원들은 고생은 고생대로 하면서 실적을 제대로 내기는 어려운 실정이었다. 단속을 피해 도주하는 외국인들도 항상 추락과 부상 등의 위험에 노출되어 있었다. 실제로 2018년도에 인천의 건설 공사현장에서 단속을 피해 창문을 넘어 도주하던 미얀마인이 추락사하는 안타까운 일이 발생하기도 하였다.

그렇다고, 단속을 하지 않을 수도 없었다. 민원이 접수되었는데도 아무런 조치를 하지 않으면 직무유기로 문제될 수 있기 때문이다. 단속 인원이 충분하다면 압도적 인원으로 외곽을 봉쇄하여 불법취업 외국인들이 자발적으로 걸어서 나오도록 유도할 수가 있을 것이나, 부족한 단속인원으로는 그렇게 할 수도 없었다.

2018. 9. 14. 새벽에는 필자가 남구로역의 인력시장에 가서 직접 계도활동하고 건설업종 불법취업자에 대하여는 체류기간이 남아 있더라도 1회 적발시 원칙적으로 바로 출국조치하는 등 건설현장 불법취업으로 인한 국민 일자리 잠식 문제에 대하여 엄정하게 대처하려고 노력하였다.

남구로역 새벽 인력시장 계도활동(출처:법무부 보도자료)

하지만, 단속 정책은 한계가 분명하였다. 부족한 단속인원을 극복하기 위하여 경찰, 고용부, 지자체 등과 정부합동단속을 나가기도 하였으나, 해당 부처 협조를 받는 것도 쉬운 일이 아니었다. 아침마다 걸려오는 국민의 목소리는 갈수록 거칠어졌으나, 현실적인 해결책은 막막한 상황이었다.

불법체류 외국인을 고용하면 외국인은 불법취업으로, 고용주는 불법고용으로 처벌을 받는다. 그런데, 제조업 현장과는 달리 건설현장은 원청(건설사업자)이 처벌받지 않아 불법고용 단속에 구조적인 한계가 있었다.

건설현장의 인력활용 구조는, 원청(건설사업자)이 직접 시공을 하는 것이 아니라 몇 개의 하청업체와 계약을 맺어서 중소규모의 하청업체가 공사를 하는데, 속칭 노가다 십장이라고 하는 팀장이 10여 명의 외국인을 데리고 다니면서 하청업체에 소속되어 일을 하는 방식이다. 그러다보니, 불법취업 외국인이 단속되는 경우에 불법고용으로 처벌되는 것은 하청업체이지 원청(건설사업자)이 아니었다. 이러다보니, 막상 건설현장에서 불법취업 외국인을 단속하여 고용주를 처벌하는 경우에도 하청업체만 처벌되어 꼬리 자르기 식으로 될 수밖에 없었고, 원청(건설사업자)은 이에 대하여 별다른 관심이 없었다.

필자는 근본적인 차원에서의 해결책을 고민하던 중 신영철 건설경제연구소 소장이 쓴 '정의로운 건설을 말하다'라는 책을 알게 되었다. 우리나라 건설현장의 문제점을 매우 적확하게 분석하고 대안을 제시한 것이 인상적이었다. 바로 직원을 통해 연락을 해서 수요포럼 강사로 초청하여 특강을 들었다.

필자는 건설현장에서의 외국인 불법고용와 관련한 신영철 소장의 문제인식에 깊이 공감하였고, 그 후 원청(건설사업자)에게 외국인의 불법고용 방지의무를 부과하는 출입국관리법 개정을 추진하게 되었다.

정부법안으로 추진하기에는 관련 절차와 규제가 너무 많아 시간도 많이 걸릴 뿐만 아니라 많은 어려움도 예상되었다. 그래서, 국회 환경노동위원회 위원인 노동계 출신 한영애 의원실과 접촉하여 법안의 취지를 설명하고 의원입법안으로 추진해달라는 요청을 드렸다. 다행히 한영애 의원실에서도 법안의 취지에 공감하여 주셨고, 그래서 2019. 6. 11. 의원입법으로 출입국관리법개정안을 발의하게 되었다.

그 후 2019. 12. 3. 국회에서 법무부와 한영애 의원실 공동으로 토론회도 개최하는 등 법안 통과를 위하여 많은 노력을 기울였으나 건설업계 등의 반대를 극복하지 못한 채 아쉽게도 2020. 5. 29. 20대 국회 회기가 만료되는 바람에 폐기되고 말았다.

건설현장의 외국인 불법고용 문제점을 구조적인 차원에서 해결하고자 백방으로 노력하였으나 역부족이었다. 건설현장에서의 불법고용 문제와 단속으로 인한 출입국직원과 외국인의 부상 위험은 지금 현재도 진행형이다. 안타까운 현실이다.

토론회 자료집 표지 및 목차

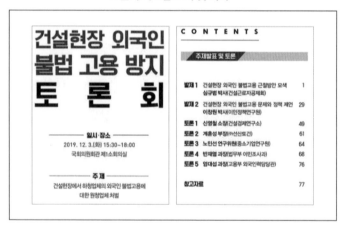

보증금 내고 자발적으로 출국하세요

불법체류 외국인은 단속이 되면 외국인보호소로 가서 보호조치가 된다. 그런데, 전국에 외국인보호소가 3군데에 불과하기 때문에 종종 과밀현상이 생기기도 하고, 보호 외국인 관리에 상당한 물적·인적 부담이 초래되기도 한다. 오래전인 2007년 초에는 보호소 내에서 화재사고가 발생하여 다수의 인명피해가 발생하기도 하였다. 특히, 2020년 초 코로나 사태가 발발하면서 외국인보호소 내에서 코로나 감염자가 발생할 경우의 관리 부담은 더욱 커졌다.

이 때 필자는 외국인보호소의 관리 부담을 줄이는 한편 불법체류 외국인의 자발적인 출국을 유도하기 위한 조치로서 출국명령 이행보증금 제도 아이디어를 생각해내었다. 사안의 경중을 따져서 외국인보호소로 보내지 않고 보증금을 납부하는 조건으로 석방하되 일정한 기간 내에 자진하여 출국하도록 출국명령을 하고 만일 출국하지 않을 경우에는 보증금을 몰수하는 방안이 도입되면 코로나 상황에서 외국인보호소의 인적·물적 관리 부담을 경감하면서도 외국인의 인권증진에도 도움이 될 수 있다는 생각을 하게 되었다. 일종의 이행보증금 납부 조건부 석방제도였다.

외국인보호소에 보호한 뒤에 강제퇴거할 경우에 체류외국인이 퇴거비용을 부담할 능력이 되지 않으면 부득이 국비로 강제퇴거하게 되는데, 외국인보호소에 보호하지 않고 스스로 출국하도록 하는 출국명령을 하면 자비로 항공편을 구해서 출국하기 때문에 국비를

절약하는 효과도 있을 것으로 예상되었다.

직원들도 필자가 제안한 이행보증금 제도의 도입에 전폭적으로 찬성하였고, 그 후 국회의원을 섭외하여 법안을 추진하였다. 코로나 상황 극복에 도움이 될 수 있는 법안의 취지에 백혜련 의원실에서 깊이 공감하고 2020. 7. 법안을 대표발의해 주셨는데, 법안심사 절차가 일사천리로 진행되어 2020. 9. 24. 국회 본회의를 통과하여 2021. 1. 19.부터 시행되게 되었다.

법안 발의부터 통과까지 불과 두 달 밖에 걸리지 않았는데, 출국명령 이행보증금 제도가 불법체류 외국인의 인권증진, 외국인보호소 인적·물적 관리부담 경감, 코로나 상황 적극 대응 등의 명분이 있었기 때문이다.

2021. 1. 27.자 연합뉴스 기사

'강제 퇴거' 외국인, 예치금 내면 보호소 안 거치고 출국 가능

이상서 입력 2021.1. 27. 11:19

1년 넘게 이어지고 있는 신종 코로나바이러스 감염증(코로나19)의 세계적인 대유행으로 하늘길이 끊기면서 과밀화된 외국인 보호시설의 수용 환경을 해소하기 위해 마련한 제도다.

수요일의 김밥

출입국본부는 2007년경부터 수요포럼('수요이민정책포럼'의 약칭)이라는 것을 운영하여 왔다. 매주 또는 격주 수요일 점심 시간에 외부 강사를 초빙하거나 자체 직원을 선정하여 발제를 하도록 함으로써 이민정책 등에 대한 직원들의 업무 전문성을 높이는 학습의 장이었다. 필자도 과장으로 근무할 때 수요포럼에 꼬박꼬박 참석하면서 많은 전문성을 키울 수가 있었다.

2017. 9. 필자가 본부장으로 부임하여 보니, 수요포럼이 한동안 열리지 않고 있었다. 필자는 과거에 수요포럼에 대한 좋은 기억을 가지고 있었기 때문에 즉시 수요포럼을 매주 개최하는 것으로 정하여 직원들이 업무 전문성을 제고하고 유연한 사고를 키울 수 있도록 하였다. 바쁜 일정 속에서도 외부 출장 등의 불가피한 사정이 없으면 직원들과 함께 김밥을 먹으면서 꼬박꼬박 참석하였다. 2018년도부터는 e나라도움 화상회의 시스템을 이용하여 지방 출입국사무소의 직원들도 화상으로 수요포럼에 참석할 수 있도록 하였다.

필자는 매일 아침 접하는 언론동향에서 이민정책·문제와 관련하여 기고나 인터뷰를 한 전문가, 활동가, 외국거주 교민 등을 직접 발굴하여 강의를 요청하였다.

2018년도 하반기를 뜨겁게 달구었던 제주 예멘난민사태가 발생하였을 때, 필자와 출입국직원들은 국내에 알려진 모든 이슬람·아랍 전문가, 예멘인 지원단체 대표 등을 수요포럼에 모시고 특강을 들으면서 예멘과 이슬람, 아랍문화에 대하여 깊은 이해를 할 수 있었는데, 이들 전문가들과의 네트워크 형성과 협력은 제주 예멘난민 사태를 조기에 엄정하고 원만하게 처리하는데 큰 도움이 되었다.

필자는 직원들과 불편한 관계였던 분들도 초빙하여 현장의 생생한 목소리를 듣는 기회도 많이 가졌다. 과거 마석가구공단에서 출입국당국의 불법체류 외국인 단속에 온 몸으로 저항하여 출입국당국에 악명이 자자하던 남양주 샬롬의집 이정호 신부님, 1990년대부터 오랫동안 현장에서 이주민을 위한 헌신적인 활동을 하신 '말해요 찬드라'라는 책의 저자 이란주님(아시아인권문화연대) 등을 강사로 섭외하여 직원들과 함께 특강을 들었다.

이주민 지원활동을 하는 시민사회단체 대표들을 모신 이유는 출입국당국과 이주민지원 단체는 평소 불법체류 외국인 단속 등으로 첨예하게 대립하는 관계이지만 만나서 소통을 하면 서로 이해할 수 있는 부분도 찾을 수 있고, 이를 통해서 직원들이 정책고객인 체류외국인에 대한 이해도를 높이고 인권감수성도 제고할 수 있다고 생각했기 때문이다. 해병대 출신으로 시원시원한 성격의 이정호신부

님은 과거 마석가구공단에서 자신이 출입국당국의 단속에 맞서 저항한 경험을 말씀하시면서 법무부 초청으로 특강을 하는 것에 대한 남다른 소회를 특유의 구수한 입담으로 밝히기도 하였다.

이주민에 우호적인 분들 뿐만 아니라 그 대척점에 서 계시는 분들도 초빙하여 외국인정책에 반대하거나 우려하는 이유를 경청하였는데, 그 분들이 반대하거나 우려하는 이유를 정확히 알아야 정교하고 균형 있는 외국인정책을 만들 수 있다고 생각했기 때문이다. 2018. 12. 이우진이라는 독일 거주 교민께서 현지의 난민·이민정책에 대하여 우려하는 목소리를 국내 언론에 기고한 것을 접하고서 필자는 언론사를 통하여 연락하여 한국에 입국하시면 특강을 해달라고 요청하였고, 그 후 2019. 8. 국내 입국한 이우진님으로부터 독일의 난민·이민정책에 대한 생생한 경험과 문제인식을 직원들과 함께 경청하면서 외국의 사례에서 우리가 반면교사로 삼으면서 유의해야 할 부분은 무엇인지 깊이 고민하는 시간을 가지기도 하였다.

2018. 12. 18.자 동아일보 기사

[기고/이우진]'먼저 겪은' 독일에서 보는 난민 문제

입력 2018. 12. 18. 03:00

결혼이민자 정책을 담당하는 이민통합과 직원들로 하여금 결혼이민자 정책에 대한 반대 목소리를 내고 있던 국제결혼피해자단체

관계자들과 직접 만나서 소통하도록 한 것도 같은 취지였는데, 직원들은 막상 만나서 허심탄회하게 소통해보니 서로 간에 불필요한 오해도 풀리고 그 분들이 왜 반대하는지 그 이유도 알게 되었다고 하면서 정책을 충실하게 만드는데 많은 도움이 되었다고 하였다.

수요포럼 개최 횟수

구분	'14.9.~'17.8.(검사장 본부장)	'17.9.~'20.초 코로나 전까지(필자)
수요포럼	21회	197회

캘린더 활용법

외국인본부는 매년 캘린더를 제작하고 있는데, 필자는 본부장으로 부임한 2017년 말 일반적인 역사적 사실만 표기된 2018년도 캘린더 초안을 보고받고서 '출입국관리법 제정·시행'(1963. 3. 5.), '영주자격 신설'(2002. 4. 18.), '하이코리아 개시'(2006. 8. 11.), '고용허가제 시행'(2004. 8. 17.), '출입국관리업무 법무부 이관'(1961. 10. 2.), '사회통합프로그램 시행'(2008. 11. 7.) 등과 같이 출입국본부의 업무와 관련한 주요 사실을 해당 일자에 표기하도록 하였다.

그 이유는 첫째, 자신의 업무와 조직에 대한 자부심 제고이다. 출입국본부 이름으로 만드는 캘린더에 출입국본부의 주요 업무와 역사에 대한 내용을 표시함으로써 출입국직원들이 업무와 조직에 대한 자부심을 가지게 할 수 있고, 책임행정을 하는데 도움이 될 수 있다고 생각했기 때문이다.

둘째, 정책 홍보 효과의 극대화이다. 어떤 정책과 관련한 보도자료를 배포하는 경우에 해당 정책과 관련 있는 날과 연관 지어서 배포하면 해당 제도 개선의 의미를 부각하여 언론의 주목을 더 받을 수 있어 정책 홍보 효과를 극대화할 수 있기 때문이다. 화재현장에서 우리 국민을 구한 스리랑카인 '니말'씨에 대한 영주자격 수여식 행사를 2018년 하반기에 추진하게 되었는데, 캘린더에 표시되어 있던 세계이주민의 날인 12. 18.을 행사일로 정함으로써 행사 개최의 취지를 더욱 살릴 수 있었다.

필자는 캘린더 입체화 외에도 인터뷰, 언론기고도 적극적으로 시행하여 홍보 성과를 많이 올리려고 하였다. 필자가 본부장으로 부임하기 전인 2016년도의 출입국본부 보도자료·인터뷰·기고 실적은 총 131건이었으나, 필자가 부임한 2017년도 경우는 부임 후 4개월 만에 156건, 2018년도는 321건, 2019년도는 316건의 실적을 올렸으며, 부임한 바로 그 다음해인 2018년에는 출입국본부가 법무부 SNS 홍보 우수기관으로 선정되기도 하였다.

고민을 함께 해요

필자가 본부장으로 부임하여 업무보고를 받았을 때 가장 심각하게 인식한 것 중 하나가 외국인보호소에 장기간 보호 중인 외국인 문제였다. 2017. 9. 당시 6개월 이상 보호 중인 외국인이 70명이나 되었는데, 그 중에서 3년 이상 보호 중인 외국인이 3명이나 되었고, 어떤 외국인은 5년이 다 되어 가고 있었다.

이유를 파악해 보니 불법체류 등으로 강제추방 대상이 되어 일단 외국인보호소에 보호된 후 난민신청과 각종 소송 제기, 강제추방 집행과정에서의 물리적 저항으로 인한 항공사의 탑승 거부 등으로 강제 추방하는 것이 현실적으로 매우 어려운 경우였다. 보호기간이 장기화되면서 출입국당국의 인적·물적 부담도 늘어났고 인권적인 측면에서도 큰 우려가 제기되었다.

하지만, 장기보호가 부담된다고 그냥 석방(보호일시해제)시킬 수도 없는 노릇이었다. 형사범도 있었을 뿐만 아니라, 자칫 나머지 외국인들에게 '강제출국에 저항하면 결국에는 풀려난다'는 잘못된 메시지를 줄 수도 있었기 때문이다. 소관과에서도 큰 부담을 가지고 있었으나, 이러지도 저러지도 못하고 있는 상황이었다. 하지만, 그대로 방치할 수는 없는 문제였다.

이미 그 전에 장기보호외국인 문제가 언론에서 지적된 적이 있었기 때문에 법무부에서는 장기보호심의위원회라는 것을 운영하여 왔는데, 파악을 해보니 그 전까지 1번 개최하여 1명을 조건부 석방(보호일시해제)한 사실만 있을 뿐이었다. 필자는 혼자 끙끙대고 고민한다고 해서 해결할 수 있는 문제가 아니라고 생각하고서 장기보호심의위원회를 활성화하여 해결책을 모색하는 것이 필요하다고 판단하였다.

이를 위해 외국인 지원 활동으로 체류 외국인에 대한 이해도가 높은 민간 전문가를 민간위원으로 추가 위촉하였고, 장기보호심의위원회도 자주 개최하였다. 그리하여, 어떤 경우는 민간위원에게 요청하여 보호소에 있는 당사자를 직접 면담하도록 하여 현실적인 해결방안을 함께 모색하기도 하고, 어떤 경우는 평소 해당 외국인을 접견하면서 지원하고 있는 시민사회단체의 보증을 받고서 조건부 석방(일시보호해제)하는 방안을 추진하기도 하고, 어떤 경우는 해당 외국인의 변호인을 장기보호심의위원회에 출석하도록 하여 청문을 하기도 하고, 어떤 경우는 송환절차에 비협조적인 해당국 공관, 항공사 등과 협의하여 항공기 탑승을 통한 본국으로의 강제퇴거절차가 원활히 이루어질 수 있도록 하였다.

그 전까지는 신청자의 청구에 의한 보호일시해제만 가능했으나, 보호일시해제를 활성화하기 위하여 2018. 9. 21.에는 출입국관리법 제65조를 개정하여 직권 보호일시해제 근거도 마련하였다. 이를 통해서 해당 외국인의 상태를 가장 잘 알고 있으면서 관리책임도 부담하고 있는 외국인보호소장의 의사가 적극적으로 반영될 수 있도록 하였다. 또한, 인도적 사유 등이 있는 보호외국인에 대하여 보증금 예치, 신원보증, 주거 제한 등 조건을 붙여 출국을 담보하고, 일시보호해제를 적극적으로 검토하도록 하였다. 필자가 본부장직에서 물러날 때인 2021. 6.경에는 6개월 이상 장기보호외국인 규모는 14명으로 대폭 감소하였고 2년 이상은 한 명도 없게 되었다.

외국인 라이더

2020. 5.경 필자는 코로나19 상황에서 비대면 택배업무가 늘어나고 있는 가운데, 외국인들도 배달 알바(속칭 '라이더')를 많이 하고 있다는 상황을 파악하게 되었다. 문제는, 배달 업무는 우리 국민들이 잘 가지 않아서 구인난을 겪고 있는 3D 제조업체나 농어촌 분야와는 달리 우리 국민들의 선호도가 높아서 외국인들의 불법취업은 우리 국민들의 일자리를 잠식할 수 있다는 것이었다.

그래서, 필자는 국민 일자리 보호를 위하여 서울출입국외국인청 이민특수조사대에 외국인 배달알바 불법취업에 대한 특별단속을 지시하였다.

그 후 서울출입국외국인청 이민특수조사대는 3주 동안 서울 관내 배달대행업체에 대한 집중단속을 하였고, 그 결과 외국인 알바를 불법 고용한 국민 4명과 불법 취업한 외국인 166명을 적발하였다.

대규모 재정수입 창출

필자가 본부장으로서 주도하여 도입한 정책과 관련하여 발생한 재정수입은 2023. 8.말 현재 약 584.5억 원이다(등록외국인 재입국허가제와 입국외국인 활동범위 제한 의무화는 코로나19에 대응하기 위한 정책이었기 때문에 코로나 상황이 호전됨에 따라 2022. 3.~4.경 폐지되었음).

필자가 주도한 정책 관련 재정수입

구분	재정 수입
① 전자여행허가제	384억 원 ('21.9.~'23.8.)
② 선순환 불법체류 외국인 대책	144억 원 ('19.12.~'23.8.)
③ 등록외국인 재입국허가제	54억 원 ('20.6.~'22.3.)

구분	재정 수입
④ 입국 외국인 활동범위 제한 의무화	2.5억 원 ('20.4.~'22.4.)

본부장으로 재직 중 '세금체납 외국인 확인 제도'로 3년간(17.5 ~ 20.6) 1,560억 원의 재정수입이, '건강보험료 체납 외국인 비자 연장 제한 조치'로 1년간(19.8~20.6) 165억 원이 걷힌 사실도 있으나, 전자는 필자가 부임하기 전에 이미 시작된 것이었고, 후자는 전자를 모델로 삼아 도입한 것으로 필자가 주도한 정책으로 인한 재정수입으로 볼 수 없기에 위 표에 포함시키지 않았다.

나. 소통

당신들은 이미그라티스트(ImmigrArtist)!

필자는 일선 직원과 소통의 기회를 많이 가지려고 하였다. 지방 사무소에 방문할 경우에도 간부 면담 후에는 하급 직원들만 참석하는 간담회를 따로 만들어서 그들의 애로사항을 직접 경청하여 가능한 해결방안을 적극 모색하여 조치하려고 하였다. 또한, 진천 법무연수원에 신규직원 직무교육이 있을 때는 바쁜 일정을 할애하여 신규직원들을 상대로 출입국관리공무원으로서의 가져야 할 마음가짐 등에 대하여 PPT로 특강을 하여 자부심을 가지고 공직생활을 시작할 수 있도록 하였다.

신규자 특강 때는 필자가 이민(정책)을 의미하는 이미그레이션(Immigration)과 예술을 의미하는 아트(Art)를 합성하여 만든 이미그라트(ImmigrArt)란 용어를 소개하면서 '여러분들은 예술과 같은 이민정책 업무를 하는 이미그라티스트(ImmigrArtist)입니다'라고 말함으로써 출입국관리공무원들이 큰 자부심을 가지고 업무를 하도록 독려하였다.

구분	'14.9.~'17.8. (검사장 본부장)	'17.9.~'20.까지(필자)
법무연수원 신규자 교육 강의	2회	8회

부임 당시 일선 출입국관리공무원의 친절도가 높지 않다는 것을 알고서는, 홈페이지 '칭찬합시다' 코너에서 칭찬을 받은 일선 직원들에게 필자가 감사와 칭찬의 이메일을 직접 보내고 자그마한 포상을 함으로써 직원들이 민원인들에게 더욱 친절하게 응대하도록 하였다. 칭찬받는 직원들이 많아지면서 나중에는 간단하게 이메일을 보내는 것조차 체력적으로 버거워지는 느낌이 들기도 하였지만 그래도 본부장의 메일 하나가 직원들에게는 큰 격려가 될 수 있다는 생각에 멈추지 않았다. 그 결과, 이전보다 훨씬 많은 민원인들의 칭찬 글이 출입국외국인정책본부 홈페이지를 장식하였다.

'칭찬합시다'코너 관련 이메일 및 횟수 비교

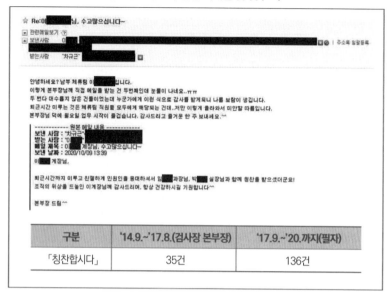

구분	'14.9.~'17.8.(검사장 본부장)	'17.9.~'20.까지(필자)
「칭찬합시다」	35건	136건

필자는 부임 후 직원들이 해외 연수나 출장을 다녀와서 작성한 몇 년 치 보고서도 모두 읽고 해외 제도 중에 벤치마킹할 만한 게 보이면 업무에 적극 반영하였다. 그 중에 하나가 난민과 직원들이 캐나다 출장 다녀와서 작성한 보고서에 있던 캐나다의 웨비나(Webinar)였다. 캐나다의 경우는 국토가 넓어서 이민당국 직원들이 한꺼번에 모여서 회의를 하는 것이 어렵다보니 온라인으로 세미나를 자주 열어서 소통을 하고 있다는 내용이었다. 웹(Web)+세미나(Seminar)를 합해서 웨비나(Webinar)라고 부른다는 것이었다.

필자는 웨비나를 바로 도입하여 화상회의를 활성화하였고, 그 결과 본부와 지방 간의 의사소통이 그 전에 비하여 매우 원활하게 이루어질 수 있었다. 외부의 정책환경 변화나 현안 논의에도 매우 효과적이었고, 출입국본부 전체의 의사결정도 신속하게 처리할 수 있었다. 이렇게 활성화한 웨비나 등 화상회의 시스템은 그 후 코로나19가 발생하면서는 더욱 유용하고 빈번하게 운용되었다.

구분	이전(검사장 본부장)	필자	
	'14.9.~'17.8.	'17.9.~'19.12.	'20.1.~'21.까지
화상회의	6회	35회	11회

우문현답(우리의 문제는 현장에 답이 있다)

필자는 부임 후 외국인의 인권과 권익을 증진하고 이민정책을 논의하는 각종 위원회를 활성화하였다. 필자가 부임하기 전인 2017년도에 본부와 지방 통틀어 4회 개최한 외국인인권보호 및 권익증진 협의회를 위원회 구성 재정비, 분기별 실시 등으로 활성화한 결과, 2018년도에는 24회 개최할 수 있었다.

또한, 정책고객인 외국인의 목소리를 생생하게 듣기 위하여 종종 마석가구공단이나 김포 등 외국인밀집지역 현장에 방문하여 위원회를 개최하기도 하였다. 우문현답('우리의 문제는 현장에 답이 있다')이라는 평범한 진리를 현장에서 확인하기 위해서였다. 민간 전문가를 만나서 이민정책에 대한 논의를 하는 것도 의미가 있지만, 이민정책을 설계하고 집행하는 출입국공무원들이 정책현장에 가서 자신의 눈과 귀로 직접 경험하는 것을 통하여 훨씬 더 현실적이고 유연한 정책을 만드는데 도움이 된다고 생각했기 때문이다. 일선 현장에서 이주민을 지원하고 있는 분들로 하여금 출입국당국의 오픈마인드에 공감하게 하여 상호간에 협력적인 관계를 구축하는데도 큰 도움이 되었다.

각종 위원회 개최횟수 비교

구분	'14.9.~'17.8. (검사장 본부장)	'17.9.~'20.초 코로나 전까지 (필자)
이민정책자문위원회	3회	9회
외국인 장기보호심의위원회	1회	4회
국적심의위원회	7회	12회
난민위원회	15회	20회
합계	26회	42회

'18. 11. 남양주 외국인지원센터

'19. 8. 김포시 외국인주민지원센터

부임 직후인 2017. 9.에는 중국동포들이 많이 거주하고 있는 대림동에 방문하여 동포민간협의체(대림동 치안대책 협력사업을 위한 민관협의체)와 간담회를 개최하여 영화 '범죄도시'에서 대림동이 범죄집단과 연루된 것으로 묘사된 것과 관련한 지역 거주민들의 우려 등 다양한 목소리를 경청하고, 모범적인 동포·외국인 공존 환경 조성을 위한 방안에 대하여 논의하고 체류질서 준수를 위한 협조를 당부하기도 하였다.

동포관련 민관협의체 위원과의 간담회

대림동 인근지역 순회 및 지역민 소통

2019. 6.에는 계절근로자 시범사업 초창기부터 단 한 명의 불법체류 외국인 발생 없이 모범적으로 운영하고 있는 충북 괴산군을 방문하여 지자체 및 농가의 의견을 수렴하는 한편 근로조건 및 인권 침해 여부 등을 점검하였으며, 2019. 12.에는 국제결혼가정 자녀 및 외국인 학생이 대다수인 인천 한누리학교와 시흥 군서초등학교를 방문하여 교육 현장의 실태를 파악하고 체류 지원 등에 관한 의견도 수렴하였다.

괴산 농장 방문 사진('19.6.)

인천 한누리학교 방문 사진('19.12..)

코로나19 사태가 발생한 후 외국인밀집지역에서의 대규모 감염 우려가 제기되자 2020. 7. 대림동의 벌집촌과 인력사무소 등에 방문하여 마스크 착용 등 방역수칙 준수, 코로나 검진을 위한 불법체류 외국인에 대한 단속유예, 자진출국 제도 등을 적극 홍보하여 외국인밀집지역에서의 코로나19 확산방지를 위한 노력도 하였다.

주말에 눈여겨 본 보고서, 우리 교민을 돕다

출입국관리공무원은 재외공관에 비자영사로 나가서 근무를 하는데, 정기적으로 비자신청 및 발급 현황, 특이사항에 대한 정보보고를 한다. 비자영사로 파견나간 직원들이 30명 정도가 되다 보니 이들이 수시로 본부에 보내는 정보보고의 양도 상당하다. 이런 정보보고를 취합한 결재파일이 본부장실로 들어오면 매일 굵직굵직한 현안에 쫓기기 일상인 필자는 바로 파일을 열어 볼 엄두를 내지 못했다.

그래서, 일단 결재파일을 벽장 캐비넷 안에 넣어두었다가 주말에 사무실에 나와서 읽어보고 그 중에 소관과에 확인하거나 토의할 내용이 있으면 포스트잇을 붙여서 필요한 조치를 하였다. 이렇게 관심을 가지고 정보보고 하나하나를 살펴본 결과 적지 않은 성과를 올릴 수 있었는데, 그 중에 가장 기억에 남는 사례는 인도네시아에 거주하는 우리 교민의 민원 사연을 눈여겨보았다가 해결한 것이다.

필자가 부임한 지 얼마 되지 않은 2017년 가을 주인도네시아 비자영사로부터 온 정보보고 내용이 눈에 띄었다. 인도네시아에서 우리나라 굴지의 해운회사인 흥아해운의 선장으로 근무하고 있는 우리 교민이 현지법 위반으로 집행유예 판결을 받았는데 인도네시아 이민청이 집행유예기간이 지나기 전에는 인도네시아를 떠날 수 없도록 하고 있어 급히 국내로 귀국해야 하는 우리 교민이 주인도네시아 대한민국대사관을 찾아와 도와달라고 하소연을 하였다는 내용과 인도네시아 이민당국과의 협의가 잘 되지 않는다는 것이었다.

우리나라의 경우는 외국인이 일정한 액수 이상의 벌금형이나 집행유예 등의 처벌을 받으면 강제출국 대상으로 하여 하루빨리 추방을 하고 있는데 반하여, 인도네시아의 경우는 정반대인 것 같아 특이하다는 생각을 하였다.

그런데, 마침 그 직후에 인도네시아 이민청장이 국내로 와서 필자와 한·인도네시아 이민당국자 고위급회담을 하기로 예정되어 있었다. 필자는 인도네시아 이민청장과 면담할 때 우리 교민의 애로사항을 이야기하고 협조를 한번 구해봐야지 하고 생각을 했다. 인도네시아 이민청장과의 고위급 회담 후 만찬 자리에서 건배주가 몇 번 왔다 갔다 하면서 분위기가 무르익었을 때 필자는 정보보고에서 보았던 우리 교민의 애로사항을 슬쩍 꺼내면서 좀 도와달라는 취지로 요청하였다. 그러자, 인도네시아 이민청장은 '돌아가면 한번 알아보겠다'라고 답을 하였다.

그로부터 약 2주후, 주인도네시아 비자영사로부터 정보보고가 왔다. 인도네시아 이민청장이 본국으로 돌아가자마자 필자가 만찬 자리에서 부탁한 교민에 대한 내용을 파악하고서는 해당 교민이 바로 우리나라로 귀국할 수 있도록 조치를 취하였으며, 그 교민이 주인도네시아 대한민국대사관에 찾아와서는 '도와줘서 고맙다'는 인사를 하였다는 것이었다.

공직자로서 큰 보람을 느꼈다. 바쁜 와중에도 주말 시간을 내서 정보보고를 눈여겨 본 것이 우리 교민에게 큰 도움이 되었다는 사실에 맡고 있는 업무에 대한 책임감을 더욱 가지게 되었다.

그 다음해 봄, 필자는 인도네시아 이민당국의 초청으로 인도네시아를 방문하게 되었다. 인도네시아 이민청장이 우리 교민을 배려하였던 것에 대한 감사의 표시로 필자는 미리 'Bengawan Solo'라는 인도네시아 노래를 외워서 공식 회담 후의 만찬장에서 불렀다. 반응은 가히 폭발적이었다.

인도네시아 만찬장에서 노래부르는 장면

인도네시아 노래로 해외주재관 회의 유치하다

필자는 인도네시아가 1년에 한번 전 세계에 파견 나간 해외주재관을 불러모아서 회의를 하는데, 그해 연말 회의 장소를 외국에서 하는 것으로 추진 중이라는 정보를 접하였다. 그래서, 인도네시아 노래를 부른 다음 만일에 인도네시아 해외주재관 회의를 대한민국에서 개최하면 또 다른 인도네시아 노래를 준비하여 만찬장에서 부르겠다는 약속을 하면서 우리나라에서 꼭 개최해주기를 요청하였다.

그리고 몇 달 후, 인도네시아 이민당국은 4박 5일 일정의 해외주재관 회의를 서울에서 개최하는 것으로 결정하였고, 필자는 2018. 9. 서울 롯데호텔에서 열린 인도네시아 해외주재관 회의 만찬장에서 약속한 대로 또 다른 인도네시아 노래인 'Widuri'를 불렀다. 뮤직비디오 상으로는 남녀 간의 사랑을 주제로 한 것으로 보였는데, 60여명의 인도네시아 주재관들과 가족들은 박장대소를 하면서 기립박수를 쳐주었다.

2018. 9. 5.자 뉴스1 기사

인도네시아, 해외주재관 회의 한국 개최..법무부 첫 유치

나연준 기자   입력 2018. 9. 5. 15:39

서울에서의 인도네시아 해외주재관 회의 한 달 여 후인 2018. 11. 초에는 배우 이종석이 YES24 인도네시아 법인 초청으로 인도네시아에서 유료 팬 사인회를 가진 것이 문제가 되어 이민법위반으로 여권을 압수당하고 출국이 불허되는 사건이 발생하였는데, 한국과 인도네시아 이민당국 사이의 핫라인을 가동하여 배우 이종석 일행 12명 전원에 대하여 최단시간 조사를 한 후 이민법 위반에 따른 추방조치 형식으로 바로 출국할 수 있도록 하되 인도네시아 입국금지 조치는 취하지 않는 내용으로 처리된 적이 있었다. 당시 주인도네시아공관에 파견 근무하면서 사건처리에 관여한 법무부 비자영사의 말에 의하면 그때까지 형성되어 있던 한국과 인도네시아 이민당국 간의 우호적인 신뢰관계가 원만한 사건처리에 결정적이었다고 한다.

2018. 11. 6.자 SBS 연예뉴스

스타 스타는 지금

'억류' 이종석, 인도네시아 공항서 눈물…팬들 분노

강경윤 기자   작성 2018.11.06 09:44   수정 2018.11.06 10:14   조회 33,337

산적한 현안 처리에 바쁜 와중에도 주말 시간을 할애하여 정보보고 내용을 관심 있게 탐독한 것이 우리 교민의 민원을 해결하고, 상대국의 노래를 외워 부르면서 주재관회의 개최를 요청한 것이 한·인도네시아 외교관계 뿐만 아니라 국내 관광산업에도 큰 도움을 주게 된 것을 본 필자는, 그 후 해외 이민당국자를 만날 때마다 그 나라의 노래를 외워서 만찬장에서 불렀다. 예외 없이 상대국 이민당국자들의 반응은 뜨거웠는데, 이렇게 형성된 우호관계는 상대국에 체류 중인 우리 교민의 애로사항 해결에 큰 도움이 되었다.

필자가 본부장으로 재직하면서 외운 외국 노래는 인도네시아 2곡, 몽골 2곡, 중국 2곡, 일본 2곡, 독일 1곡, 러시아 1곡, 태국 1곡이다.

다. 코로나 사태 적극 대응

방역당국 요청 전에 선제적으로!

2020. 2. 코로나 사태가 발발한 직후부터 필자는 매일 아침과 일요일 오후 3시에 과천청사에서 열린 중대본회의에 법무부 간부로서 빠짐없이 참석하였다. 필자가 맡고 있던 출입국외국인정책본부는 공항만에서의 출입국자 및 체류외국인 관리의 주무부서였기 때문에 다른 법무부 실국본부장이 번갈아가면서 참석했던 것과는 달리 매일 참석을 하였다. 그렇게 하다 보니, 코로나 관련 상황을 실시간으로 파악할 수 있었고 출입국외국인정책본부가 해야 할 일도 선제적으로 발굴하여 조치함으로써 방역에 기여할 수도 있었다.

코로나 초기에 필자가 취한 조치 중 하나는 국내 체류외국인에 대하여 체류기간을 직권으로 연장한 것이었다. 집합제한명령 등으로 이동을 극도로 억제한 상황에서, 체류외국인이 불법체류 상태가 되지 않기 위하여 체류기간 연장신청을 하러 출입국외국인사무소로

오는 것을 최소화할 필요가 있었다. 그래서, 2020. 2. 24. 9만여 명에 대하여 체류기간을 직권으로 연장하는 조치를 선제적으로 하였으며, 그 후에도 추가적으로 직권 연장을 하였다.

2020. 2. 24.자 뉴스1 기사

등록외국인 체류기간 일괄 연장…법무부, 코로나 확산 대응

"연장 위한 이동·공공기관 방문 최소화"…4월30일까지

(서울=뉴스1) 박승희 기자 | 2020-02-24 13:59 송고

출입국·외국인정책본부 홈페이지에 '코로나19 종합정보' 코너를 만들도록 하였다. 국내 체류외국인이 다른 경로를 통하여 코로나19 관련 정보를 접할 수도 있겠지만, 체류외국인 관리책임을 지고 있는 출입국본부 홈페이지에서도 도움이 되는 정보를 하나라도 더 쉽게 접할 수 있도록 하는 것이 코로나19 극복에 도움이 될 것으로 생각했기 때문이다.

'코로나19 종합정보' 코너에는 코로나19와 관련한 보도자료 및 도움 되는 정보 게시판을 신설하여 관련 정보를 신속하게 공유하고, 매일 코로나19 해외 동향을 업데이트하였으며, 코로나19 확진자 동선을 파악할 수 있는 '코로나맵', 우리국가 국민에 대한 입국제한조치 중인 국가를 확인할 수 있는 '외교부 해외안전여행' 페이지, 국내

및 해외 코로나19 확진자 수를 파악할 수 있는 질병관리본부의 '코로나19 발생동향' 페이지를 링크하여 한 곳에서 코로나19에 대한 모든 정보를 파악할 수 있도록 하였다.

출입국·외국인정책본부 홈페이지 "코로나19 종합정보"

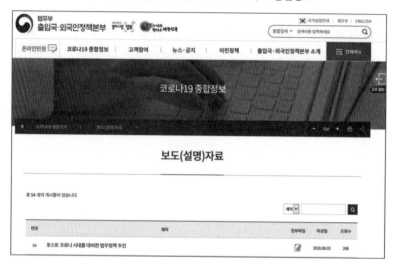

2020. 4. 1. 코로나의 해외 유입을 차단하기 위해 모든 입국자의 2주간 자가(또는 시설) 격리가 의무화되었는데, 의무를 이행하지 않는 외국인에 대한 실효적인 제재 방안을 마련하여 격리의무화 조치가 차질 없이 시행되도록 하는 것이 필요하였다. 필자는 두 가지 조치를 취하였다.

하나는, 입국 외국인에 대하여 법무부장관의 활동범위제한명령을 발동하여 이들이 격리 조치를 준수하도록 유도하고, 위반하면 체류자격 취소, 범칙금 부과, 강제추방 및 입국금지의 불이익을 가하는 것이었다. 입국 외국인 일반에 대하여 이와 같은 내용으로 활동범위제한명령을 하는 것은 처음이었다.

또 다른 하나는, 1회 위반시 범칙금이 50만원으로 너무 경미하여 실효성이 부족하다고 판단하여 출입국관리법 시행규칙을 신속하게 개정하여 범칙금 액수를 300만원으로 상향 조정하였다. 신속한 시행규칙 개정을 위하여 중대본 회의에서 관련 시행규칙 개정의 필요성을 보고하여 국무조정실과 법제처의 적극적인 협력을 구하였는데, 그 결과 한 달도 되지 않은 2020. 5. 29.에 시행규칙을 개정하여 바로 시행할 수 있었다.

필자는 이러한 제도 시행과 적용 사례를 적극적으로 홍보하여 외국인들이 격리의무화 제도를 잘 준수하도록 유도하였다.

- 모든 입국 외국인에 대해 「활동범위 제한」 조치 시행 ('20. 4. 3.)
- 법무부, 격리 조치 거부 위반 외국인에 대해 엄정 대응 ('20. 4. 6.)
- 법무부, 활동범위 제한 명령 등 위반 외국인 최초 강제추방 ('20. 4. 8.)
- 법무부, 자가격리 위반 외국인 7명 추방 조치 ('20. 4. 19.)
- 법무부, 자가격리 위반 외국인 4명 추가 출국조치 ('20. 5. 1.)
- 자가격리 위반 파키스탄인 등 외국인 5명 추가 출국 조치 ('20. 5. 22.)
- 법무부, 격리조치 위반 외국인에 대해 엄정 대처 ('20. 8. 12.)
- 법무부, 격리조치 위반 외국인 16명에 대해 추가 출국조치 ('20. 11. 11.)

한편, 코로나19 사태가 발발한 직후인 2020. 2. 3. 중국 우한에서 입국한 외국인 65명의 소재 파악이 되지 않고 있다는 언론보도로 안 그래도 민감해져 있던 우리 사회가 발칵 뒤집힌 일이 있었다.

2020. 2. 3.자 한국일보 기사

우한 입국 외국인 65명 소재 불명확.. 서울시 추적조사 중

권영은 입력 2020. 2. 3. 09:55 수정 2020. 2. 3. 10:30

필자는 그 전부터 장기체류 외국인은 외국인등록을 하기 때문에 주소지 파악이 가능하지만, 관광 목적 등의 단기체류 외국인은 입국신고서에 체류예정지만 기재하기 때문에 정확성을 담보할 수 없으며, 숙박업소에 숙박할 때도 아무런 확인도 하지 않아 체류장소가 제대로 파악되지 않고 있는 것에 대한 문제인식을 하고 있었다.

숙박업소의 숙박신고제도가 과거에 없었던 것은 아니었다. 그런데, 규제개혁 차원에서 폐지되었고 한번 폐지된 제도는 다시 복원하는 것이 매우 어려웠다.

필자는 우한 입국 외국인의 소재가 불명확하다는 기사를 보자마자 감염병관리의 사각지대를 없애기 위하여 단기체류 외국인의 숙박신고제를 도입해야 할 필요성을 다시 한번 인식하였고, 즉시 법안을 마련하였다. 정부 법안으로 추진할 경우에는 너무 많은 시간이 소요되어 코로나 사태에 적시에 대응하기 어렵다고 판단하여 의원입법안으로 추진하였는데, 정성호 의원님께서 법안의 취지에 적극 공감하시고 우한 입국자 소재불명 기사가 나온 지 불과 한 달도 되지 않은 2020. 2. 24. 출입국관리법 개정안을 발의하여 주셨다.

당시는 코로나 대응에 필요한 입법은 국회에서도 적극적으로 조치를 해주었는데, 법안은 발의되고 불과 석 달 만인 5. 20. 국회 본회의를 통과하였고, 6. 9. 공포된 후 관련 시행령과 시행규칙을 정비하여 2020. 12. 10.부터 시행되게 되었다.

> ### '최악 오명' 제20대 국회 마지막 본회의, 막차탄 법들
>
> 머니투데이 | 박종진 기자
>
> 2020.05.20 16:57
>
> 법사위는 20일 국회에서 전체회의를 열고 '단기체류 외국인 숙박신고제' 도입 법안(출입국관리법 개정안) 등을 의결했다.
>
> 외국인 숙박신고제는 코로나19(신종 코로나바이러스 감염증) 사태 대응 법안으로 외국인의 소재를 신속하게 파악하기 위해서 마련됐다.

외교사절의 반발과 설득

코로나 대응을 위하여 조치한 것 중 가장 기억에 남는 것은 체류 외국인 재입국허가제도이다. 원래 국내에 외국인등록을 하여 체류 중인 외국인은 본국 등 외국에 다녀올 때는 재입국허가를 받아야 출국한 후 다시 입국할 수 있었다. 10여 년 전에 규제개혁 차원에서 재입국허가제는 폐지되었고, 그러던 중 코로나19 사태가 터졌다.

그런데, 중대본 화상회의에 매일 참석하면서 코로나 발생 현황을 모니터링 하다 보니, 코로나가 전 세계적으로 확산된 상황에서 국내 체류 중인 외국인이 본국 등 외국으로 출국했다가 코로나에 걸려서 재입국하는 사례들이 발생하는 것이 보였다.

당시 국민들은 집합제한명령 등으로 이동을 극도로 자제하면서 코로나 사태에 대응하고 있었는데, 외국인은 아무런 제한도 없이 출국해서 해외에서 코로나에 걸려 국내로 재입국하는 것은 국민과의 형평성에도 맞지 않을 뿐만 아니라 방역당국의 업무부담도 가중시키는 일이라고 생각하였다. 그래서, 출국하기 전에 출국사유의 불가피성을 심사하고 재입국하려고 할 때는 건강진단서나 음성 PCR 증명서를 제시해야 현지에서 항공편 탑승이 가능하도록 하는 내용의 재입국허가제를 도입하는 것이 필요하다고 판단하였다.

재입국허가제 도입 안건을 중대본 회의에서 발표하자 방역당국은 법무부의 선제적인 건의에 대하여 적극 환영하였다. 하지만, 외교부는 주한 외교공관의 반발을 우려하여 신중한 검토가 필요하다는 의견을 밝혔다. 외교부 입장에서는 그럴 수 밖에 없었을 것이다. 그러나, 당시는 코로나가 매우 엄중한 상황이었고, 결국 중대본은 법무부의 손을 들어주었다.

막상 재입국허가제가 시행된다는 것이 주한 외교공관에 알려지자 난리가 났다. 특히, EU 국가들을 중심으로 반발이 매우 심했는데, 재입국허가제 시행을 앞둔 2020. 5. 중순경에는 주한EU대사 등 3명의 외국 대사가 과천청사에까지 와서 필자와 면담하면서 강력한 우려와 반대의사를 표시하였다.

필자는 출국하여 외국에서 코로나에 걸려 재입국하고 있는 외국인들이 늘어나고 있는 상황과 방역당국의 부담 가중 등에 대한 구체적인 자료들을 제시하면서 재입국허가제 재시행의 불가피성을 설명하는 한편 기업인들의 출장 등 해외출국의 당위성이 있는 경우에는 불편함이 없도록 하겠다고 설득을 하였다. 면담은 3시간 가까이 걸렸는데, 불편한 주제를 가지고 주한EU대사 등 주요국 대사 3명을 필자 혼자서 대응하다보니 면담이 끝났을 때는 녹초가 된 느낌이었다.

그것이 끝이 아니었다. 며칠 후 법무부장관께서 주한 외교사절단을 만나는 행사가 있었는데, 이때 또 몇몇 주한 외교사절이 재입국허가제 시행을 재고해줄 수 없느냐는 건의를 하였다. 그만큼 재입국허가제의 재시행에 대한 주한 외교사절들의 반발은 심하였다.

우여곡절 끝에 재입국허가제는 2020. 6. 1.부터 시행되었는데 그 후 1년 10개월 동안 시행되다가 코로나 상황이 호전된 2022. 3. 31. 폐지되었다.

> ## 법무부, 코로나 신규 유입 막는다.. "외국인 재입국 허가제 실시"
>
> 이승엽 입력 2020. 5. 23. 15:10 수정 2020. 5. 23. 15:28
>
> 법무부가 다음달부터 신종 코로나바이러스 감염증(코로나19) 확산 방지를 위해 장기체류외국인을 대상으로 시행하던 재입국 허가 면제 조치를 잠정 중단된다. 최근 국내 거주 외국인이 해외로 출국했다 신종 코로나에 감염된 후 재입국하는 사례가 확인된 데 따른 조치다.

재입국허가제로 체류외국인의 불요불급한 해외출국을 최대한 억제함으로써 해외로부터의 코로나 유입을 많이 줄일 수 있었고, 방역당국의 업무 부담을 경감하는데도 기여할 수 있었다. 부수적으로 거둔 수수료 수익은 54억 원이다.

필자와 함께 머리를 맞대며 재입국허가제 도입을 기획하고 추진한 체류관리과 이진곤 과장, 김명훈 사무관, 노재호 계장에게 깊은 감사의 마음을 전한다.

'환타 510', '식중독(毒)보다 더 위험한 식중톡(Talk)'

매일 중대본 회의에 참석하던 필자는 코로나 예방책으로 강조된 '환기'를 재미있게 실천할 수 있는 방법이 있으면 좋겠다는 생각을 하게 되었고, 순간적으로 어릴 때 자주 마시던 '환타'가 생각이 났다. '환기를 하는 타임'이란 의미로 '환기타임'을 우리에게 익숙한 용어인 '환타'로 줄여서 부르고, 하루에 5번씩 10분간 창문을 열고 환기하도록 안내방송을 하는 아이디어였다.

'환기'가 중요하다는 것은 다들 알고 있었지만, 일상생활을 하다 보면 환기하는 것을 잊은 채 장시간 지내는 경우가 많은데, 관공서 관리자가 2시간 간격으로 (아침 9시, 11시, 오후1시, 3시, 5시) '10분간 환기합시다'라고 안내방송을 하면 하루에 최소 5번은 잊지 않고 창문을 열고 환기를 하게 되므로 코로나 감염 예방에 도움이 될 수 있다고 생각했다. 우선 일선 출입국외국인관서부터 시행을 해보았는데, 반응이 좋았다.

다른 부처에서도 시행하면 방역에 도움이 될 것 같다는 생각에서 중대본 화상회의에서 '환타510 캠페인' 문구와 법무부에서 시범적으로 시행하고 있는 내용을 발표하였다. 정세균 총리께서는 재미있는 아이디어라고 하시면서 지자체 등에서 참고하라고 말씀하셨는데, 그 후 강원도와 소방재난본부 등 많은 기관에서 '환타510캠페인'을 시행하였다. 필자가 고안해 낸 아이디어가 전국적으로 시행되는 것을 보면서 많은 보람을 느꼈다.

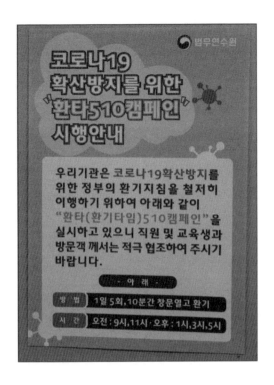

　　필자는 '식중독(毒)보다 더 위험한 식중톡(Talk)'이라는 문구도
고안하였다. 코로나 사태가 발생한 이후 식사 중에는 대화를 하지
않도록 하는 운동이 벌어졌는데, 지루하고 답답한 코로나 상황에서
뭔가 재미있는 문구로 메시지를 전할 수 있으면 좋겠다는 생각을 하
던 중 문득 '식중독(毒)보다 더 위험한 식중톡(Talk)'이라는 문구가
떠올랐다. 다들 식중독을 무서워하는 것을 빗대어서 식사 중에는 코
로나 감염이 우려되는 대화(Talk)를 하지 말자는 메시지를 담은 것
이었는데, 이것도 반응이 좋았다.

필자는 이 문구도 법무부 코로나 담당자인 비상기획관에게 제안을 하였고, 그 후 과천청사와 법무연수원 구내식당 등에는 '식중독(毒)보다 더 무서운 식중톡(Talk)'문구가 붙여지게 되었다.

법무연수원 구내식당 사진

라. 공존

스리랑카 의상자 '니말' 영주자격 부여

2018. 5.말 제주출입국외국인청 김도균 청장으로부터 전화가 왔다. 그 무렵 프랑스 마크롱 대통령이 5층 발코니 난간에 매달린 아이를 구출한 말리 출신 불법체류 외국인을 엘리제궁으로 초대하여 프랑스 시민권을 부여하고 소방관으로 특채까지 하였다는 언론보도를 언급하면서, 우리나라에도 예전에 화재현장에서 우리 국민을 구한 불법체류 외국인 사례가 있었으나 그 당시 제대로 된 대우를 하지 못했는데 지금이라도 프랑스처럼 특별한 대우를 해주는 것이 어떻겠냐는 것이었다.

2018. 5. 28.자 연합뉴스 기사

마크롱, 목숨 걸고 아이 구한 아프리카청년에 깜짝 선물(종합)

입력 2018. 5. 28. 18:35

말리 출신 22세 청년, 5층 발코니 매달린 아이 맨몸 구출
마크롱, 엘리제궁 초청해 프랑스 시민권 부여, 소방대 채용 발표

어떤 사안이었는지 파악해 보았다. 필자가 부임하기 전인 2017. 2. 경북 군위군에서 발생한 주택 화재 현장을 지나가던 불법체류 스

리랑카인 '니말'씨가 위험을 무릅쓰고 화재 현장에 뛰어 들어가 불길에 갇힌 90세 할머니를 구조하여 외국인으로서는 처음으로 LG의인상을 받은 사건이 있었는데, 당시 법무부 출입국당국에서는 '니말'씨의 공로를 고려하여 국내에서 합법적인 체류가 가능한 G1(기타) 체류 자격을 부여하였다는 것이었다.

2017. 3. 15.자 연합뉴스 기사

스리랑카 출신 니말씨, 외국인으로 첫 LG 의인상 수상

입력 2017. 3. 15. 11:01

불길 뛰어들어 할머니 구해..구조 도중 자신도 심각한 화상

(서울=연합뉴스) 김연숙 기자 = 불길에 뛰어들어 이웃을 구한 스리랑카 출신의 근로자 니말(39)씨가 'LG 의인상'을 받았다.

'니말'씨가 어떻게 지내고 있는지 확인을 해보았다. 합법적인 자격으로 국내에서 체류하고 있기는 하지만, 구조 당시 얼굴과 폐 등에 심각한 화상을 입어 중환자실에 3주간 입원해 치료를 받았었는데 그 후유증으로 계속 치료를 받고 있으며 자격외활동허가를 받아서 근근히 살아가고 있다는 것이었다(G1 체류자격은 치료 등 인도주의적 사유가 있을 때 체류를 허용해주는 자격인데, 원칙적으로 취업이 허용되지 않아 별도로 자격외활동허가를 받아야 취업이 가능).

필자는 문득 과거 국적난민과장으로 근무하던 2007년 신도림동

주상복합건물 화재 현장에서 11명의 국민을 구조한 불법체류 몽골인 사건이 떠올랐다. 당시에도 이들에 대한 선처 여론이 있었는데, 법무부 출입국당국은 불법체류 외국인에 대한 엄정 단속 원칙과 국민을 구조한 의로운 행동에 대한 합당한 대우 사이에 많은 고민을 하다가 F1(방문동거) 체류자격을 부여함으로써 합법적인 체류가 가능하도록 했었다. 그러나, F1 체류자격도 원칙적으로는 취업이 허용되지 않아 별도로 자격외활동허가를 받아야만 취업이 가능한 자격이어서 한계가 있었다. 당시 서강대 손병두 총장이 이들 4명 중 1명을 서강대학교 4년 장학생으로 선정하여 화제가 되기도 했었다.

2007. 4. 19.자 국민일보 기사

화재현장 생명구한 몽골 '의인' 서강대 4년 장학생됐다

입력 2007. 4. 19. 20:25   수정 2007. 4. 19. 20:25

불법체류 상태였던 '니말'씨에 대하여 G1(기타) 자격을 부여한 것도 합법적인 체류가 가능하도록 했다는 점에서는 의미가 없는 것은 아니지만, 화재 현장에서 우리 국민의 생명을 구하였을 뿐만 아니라 얼굴과 폐에 심한 화상을 입어 3주 동안 중환자실에 입원까지 했던 의로운 행동에 걸맞지 않은 대우였다고 생각되었다. 더구나, 합법적인 취업을 위해 정기적으로 일선 사무소에서 와서 자격외활동허가를 받도록 하는 것은 아무리 불법체류 외국인 감소정책이 중요하다고 하더라도 너무 경직된 처우라고 여겨졌다.

간부회의 안건으로 올려서 의견을 물어보았다. 다들 취업을 하기 위하여는 별도로 허가를 받아야 하는 G1(기타)이나 F1(방문동거) 자격은 너무 소극적인 처우라고 입을 모으면서도 준영주자격인 F2(거주) 체류자격(2~3년의 체류기간을 주며, 합법적인 취업 가능)을 줄 것인지, 아니면 영주자격인 F5(체류기간 제한 없음. 합법적인 취업 가능)를 줄 것인지에 대하여는 의견이 나뉘었다. 준영주자격이라 할 수 있는 F2(거주) 자격만 하더라도 상당한 혜택이라는 의견과 이왕 줄 거면 프랑스처럼 시민권(국적)까지는 아니더라도 영주자격인 F5는 주어야 정책 효과가 있다는 의견이었다.

유사 사례에 대하여 처음으로 영주자격을 줄지 여부를 논의하는 것이다 보니 정책 시행의 장단점을 신중하고 충분히 고려할 필요가 있었다. 고심한 결과, 필자는 영주자격인 F5를 부여하는 것이 적절하다고 판단을 하였다.

그 이유는, '니말'씨는 비자 없이 입국하였다가 불법체류 상태가 된 것이 아니라 우리 정부의 초청으로 외국인근로자(E9)로 입국하여 합법적으로 몇 년간 일하다가 불법체류 상태가 된 것이라는 점, 사건 당시 불법체류 상태가 1년이 채 되지 않았던 점, 본인도 얼굴과 폐에 2도 화상을 입었으며 지금까지도 계속 치료를 받고 있는 점, LG의인상을 받은 최초의 외국인인 점, 체류실태 조사 결과 매우 성실하고 착해서 주위 사람들이 다들 칭찬하고 있는 점, 비록 불법체류 상태였지만 우리 국민의 생명을 구하면 우리 정부도 그에 상응하는 조치를 취한다는 메시지를 분명히 줄 수 있는 점 등을 고려하였다.

하지만, 필자는 바로 조치하지는 않았다. 유사 사례에서 최초로 영주자격을 부여하는 것이었기 때문에 그 사실이 알려졌을 때 많은 언론에서 관심을 가질 것으로 예상되었고, 필자나 출입국당국 공무원들로만 해서 결론을 내리는 것이 아니라 민간 전문가와 공무원으로 구성된 민관협의체에서 결론을 내리는 것이 혹시라도 있을 수 있는 공무원의 판단 오류를 줄이고 정책에 대한 민간의 공감대도 형성할 수 있을 것으로 보았다. 민관거버넌스 확대라는 정부의 방침에도 부합하였다.

그래서, 필자는 외국인인권보호및권익증진협의회를 개최하여 '니말'씨에 대한 영주자격 부여 안건을 논의하였다. 대다수의 위원들은 적극적으로 찬성하였는데, 특히 남양주 샬롬의집 이정호 신부님은 '니말'씨에게 영주자격을 부여하면 나중에 유사한 사고현장에서 외국인들이 발 벗고 우리 국민의 생명을 구하기 위하여 노력할 것이라면서 크게 공감하였다.

'니말'씨에 대한 영주자격 부여방침이 확정된 다음에는 영주자격 부여행사를 개최함으로써 우리 국민을 구한 외국인 의상자에 대한 최초의 영주자격 부여라는 특별한 의미를 부각하는 것이 좋겠다고 생각했다. 먼저 '니말'씨가 구조한 경북 군위의 할머니 가족에게 연락하여 행사참석 여부를 물으니 '니말'씨에 대한 영주자격 부여에 대하여 매우 고마워하면서 기꺼이 참석하겠다고 답을 하였다. 그리고, 주한스리랑카대사관에도 연락하여 참석 여부를 타진하니 '한국과 스리랑카 외교관계에 있어 너무 좋은 행사'라고 하면서 스리랑카 대리대사께서 직접 참석의사를 밝혔다.

그렇게 하여, 2018. 12. 18. 대구출입국외국인사무소에서 주한스리랑카대리대사, 할머니의 가족, 마을 이장님이 참석한 가운데 '니말'씨에 대한 영주자격 수여행사를 가지게 되었다. 많은 언론에서 관심을 가지고 호평을 하였다. 수여행사를 세계이주민의 날인 12. 18.에 개최함으로써 행사의 의미를 더욱 뜻깊게 하였다.

영주권 받은 스리랑카 의인 니말 "한국 사랑합니다"

남승렬 기자   입력 2018. 12. 18. 15:09

스리랑카 출신의 이주노동자 카타빌라 니말 시리 반다라가 18일 오전 대구 동구 검사동 법무부 대구출입국·외국인사무소에서 열린 특별공로자 영주증 수여식에서 영주증 확대본을 들고 환하게 웃고 있다. 니말은 지난해 2월 경북 군위군 고로면 화북리 주택 화재 현장에서 90대 할머니를 구한 공로를 인정받아 영주권을 얻게 됐다. 2018. 12.18/뉴스1 ⓒ News1 공정식 기자

'니말'씨에 대한 영주자격 수여는 우리 국민의 생명을 구한 사람이라면 불법체류 상태라고 하더라도 우리 정부가 그에 상응하는 합당한 처우를 한다는 메시지를 보여줌으로써 국내에 체류하고 있는 200만 명이 넘는 외국인들에게 하나의 귀감이 되었다고 생각한다.

그 후, 2020. 3. 강원도 양양의 원룸주택 건물 화재 현장에서 불

법체류 상태였던 카자흐스탄인(알리)이 건물 외벽에 설치된 가스 배관과 TV 유선 줄을 잡고 2층 방 창문으로 올라간 후 내부로 들어가 건물 안에 있던 국민 10여 명이 대피하도록 도왔는데, 그 과정에서 본인도 중증화상을 입은 사건이 발생하였다. 그 후, '알리'씨도 LG의인상을 수상하였으며, 법무부로부터 영주자격을 부여받았다.

2020. 4. 21.자 뉴스1 기사

"생명 구한 알리씨에게 영주권을".. 청와대 국민청원

박하림 기자   입력 2020. 4. 21. 21:14

화재현장 주민 10여명 대피시켰으나 치료 과정 중 불법체류 밝혀져

이미 지나간 사건이었음에도 불구하고 유연한 사고로 '니말'씨에 대한 영주자격 부여의 필요성을 건의한 김도균 청장이 아니었다면 필자는 그런 사건이 있었는지도 모르고 지나쳤을 것이다. 전화 한 통이 나비효과를 일으킨 사례였다. 김도균 청장께 감사의 마음을 전한다.

20만 번째 귀화자 축하행사

필자는 과거 체류외국인이 적었을 때 비하여 이주민에 대한 시선이 차가워진 것을 인식하고, 이주민들의 우리 사회에 대한 소속감과

자긍심을 고취하면서 한편으로는 이주민에 대한 국민인식을 개선하기 위한 방안에 대하여도 고민을 많이 하였다.

귀화자 20만 명 축하행사(2018. 12. 20.), 자랑스러운 출입국인상·올해의 모범귀화자상 제정(2018), 6.25 70주년 기념 참전용사 후손 준영주비자 부여(2020), EBS '지식채널e'와 공동으로 「잘 지내나요, 이방인?」 기획(2018), 출입국관리공무원 직무교육 강사에 이민자멘토단 위촉 등이 그런 취지에서 시행한 것이었다.

귀화자 20만 명 축하행사는 필자의 과거 국적난민과장 경험에서 비롯되었다. 과장으로 재직하던 2011. 1. 귀화자가 10만 명이 되었다. 1948년 정부 수립 이후 귀화자가 10만 명이 되었다는 사실은 큰 의미가 있었기에 필자는 인도 출신으로 부산외국어대학교에 재직 중이던 로이 알록 꾸마르 교수를 10만 번째 귀화자로 선정하여 축하행사를 한 적이 있었다.

\<사람들\> 10만번째 귀화인 로이 알록 꾸마르 교수

송고시간 2011-01-24 14:41

귀화자 10만명 시대
(과천=연합뉴스) 최재구 기자 = 인도 출신으로 부산외국어대 부교수로 재직 중인 로이 알록 꾸마르씨가 24일 과천 법무부 청사에서 열린 귀화 기념식에 참석해 이귀남 법무부장관으로부터 태극기를 받고 있다. 법무부는 우리나라에 귀화한 사람의 수가 1948년 8월15일 대한민국 정부가 수립된 이래 63년만에 10만명을 넘어섰다고 밝혔다. 2011.1.24
jjaeck9@yna.co.kr

2017. 9. 본부장으로 부임하고서 국적과로부터 업무보고를 받아 보니, 2019년 연말쯤 귀화자가 20만 명이 될 것으로 예상되었다. 그래서, 과거 귀화자 10만 명 기념행사를 뜻깊게 한 경험을 이야기 하면서, 귀화자 통계가 20만 명에 가까워지면 축하행사 준비를 하자고 말을 해두었다. 그리하여 2019. 11. 20. 태국 출신의 법정언어 전문가로서 미국 휴스턴대 영문학과 교수였던 한양대학교 챔사이통

크리스다 교수를 20만 번째 귀화자로 선정하여 귀화자 20만 명 축하행사를 하였다. 이때 필자가 10만 번째 귀화자로 선정하였던 로이 알록 꾸마르 교수를 초청하여 새로운 귀화자들에 대하여 축하메시지도 전하게 함으로써 행사를 더욱 뜻깊게 하였다.

2019. 11. 20.자 한국경제 기사

Daum 한국경제

20만번째 귀화자는 태국 출신 한양대 교수

이인혁 | 입력 2019. 11. 20. 18:25 | 수정 2019. 11. 21. 00:30

챔사이통 크리스다씨 주인공
62년만에 귀화 20만명 돌파

태국 출신인 챔사이통 크리스다 한양대 영어영문학과 교수(사진)가 정부 수립 이후 한국 국적을 취득한 20만 번째 귀화자가 됐다. 1957년 대만 국적이던 손일승 씨가 처음 한국으로 귀화한 지 62년 만에 전체 귀화자 수가 20만 명을 돌파했다.

필자와 챔사이통 크리스다 교수 　　　귀화자 20만 명 기념행사

출처:법무부 출입국외국인정책본부 보도자료

모범귀화자상, 자랑스러운 출입국인상

또, 필자는 2018년 올해의 모범 귀화자상, 자랑스러운 출입국인 상을 제정하였다. 귀화자가 이미 2011년도에 10만 명이 넘었고, 우리 사회 곳곳에서 기존 국민과 똑같이 살아가고 있으며, 납세 실적 이나 사회봉사 등에 있어서 주위의 귀감이 될 정도로 매우 모범적인 사례도 많은데도 이러한 사실들이 잘 알려지지 않다 보니 '이주민, 귀화자 = 사회적 약자, 복지 수혜자' 등의 편견이 고착화되는 현상 이 안타깝게 생각되었다.

그래서, 국민과 이주민 모두에게 귀감이 되는 귀화자를 선정하여 '올해의 모범귀화자상'을, 아직 국적을 취득하지 못한 이주민 등에 게는 '자랑스러운 출입국인상'을 부여하는 방안을 도입하였다.

박상기 장관(가운데)이 제1회 모범귀화자 기념패 수여식에서 모범귀화자(좌측부터 알리무다사르, 송지윤, 박상기 장관, 이동빈, 김나영)와 기념촬영을 하는 장면(출처:법무부 출입국외국인정책본부 보도자료)

처음 시행하는 상이었지만 귀화자와 이민자들의 반응은 뜨거웠다. 국적법이 제정된 지 70주년이 되는 2018년도에 모범귀화자상 등을 처음 시행하였는데, 모범귀화자로 최초로 선정된 중국동포 출신 이동빈 경위의 경우는 외증조부가 독립유공자 이기일 선생이었기 때문에 2009년도에 독립유공자의 후손으로 특별귀화를 한 사례였는데, 귀화한 후 제주기마대 순경이 되고 신인문학상을 수상하여 시인으로 등단하기도 하고 해양경찰 간부(경위) 시험에 합격하여 해양경찰로서 맹활약을 하고 있었다.

파키스탄 출신 모범귀화자 알리무다사르씨는 건설공사에 쓰는 중장비 부품을 수출하는 무역업자로서 한·파키스탄 경제인연합회장을 몇 년간 연임하면서 2014년부터 3년 연속 300만 달러, 500만 달러, 1000만 달러 수출 실적을 올려 '수출의 탑'을 받았을 뿐만 아니라 어려운 국내 이웃을 위해 복지관 등에 정기적으로 기부를 하는 등 봉사와 선행으로 명성이 자자하여 그를 아는 사람들이 모두 수상 소식을 축하해 주었다.

베트남 출신 모범귀화자 김나영씨는 자녀 3명을 키우면서도 초·중학교 검정고시에 합격한 후 방송통신고등학교에 재학 중이었는데, 대구 침산중학교에 이중언어 강사로 출강하면서 결혼이민여성 자조봉사단 활동도 하여 '2009년 MBC 사회봉사 대상'을 수상하기도 하였다.

필리핀 출신 모범귀화자 송지윤씨 역시 자녀 2명을 키우면서 영어학원 강사 및 초등학교 방과후교사로 활동하고 있었는데, 구미다문화가족지원센터에서 영어강사 봉사활동도 하면서 2017년도에는 구미대학 영어학과를 졸업하는 등 자기계발도 지속적으로 하여 타인의 귀감이 된 사례였다.

모범귀화자 행사는 반응이 좋아서 그 다음해인 2019년도에도 개최하게 되었는데, 이때는 경주시립노인전문병원에서 근무 중인 네팔 출신 정제한 가정의학과장(서울대 어학연수생으로 입국, 영남대 의과대학 졸업, 계명대 의학 석사 취득, 2011년도 희망 한국인상(KBS 다문화대상), 경상북도 다문화가족 홍보대사, 대구광역시 의사회 해외의료봉사 자문위원, 여성가족부 정책자문위원 역임), 경주 국립공원사무소에서 근무 중인 대만 출신 왕계 자연환경해설사(방과후 중국어 강사, 전국자원봉사대회 국무총리 표창, 외국인자율방범대, 경주시자원봉사대회 경주시장 표창), 광주광역시 국제협력담당관실에 근무 중인 중국 출신 김혜문 지방행정주사(중국 길림성 초등학교 교사, 한국방송통신대학 중어중문학과 졸업, 전남대학교 대학원 중어중문학과 수료, 광주광역시장 표창, 환경부장관 표창, 국무총리 표창), 부천이주민지원센터에서 근무 중인 베트남 출신 도은

법무부 보도자료 중

김오수 법무부 장관 직무대행(앞줄 오른쪽 다섯 번째)이 '2019년 모범귀화자 기념패 수여식'에서 행사 후, 모범귀화자 및 관계자들과 함께 단체 기념촬영을 하고 있는 장면(출처:법무부 출입국외국인정책본부 보도자료)

아 상담팀장(한국산업인력공단 상담사, 한국노총 부천김포지역지부 통역사, 부천시장 표창, 부천시 외국인주민 및 다문화가족 지원협의회 위원) 등 4명이 모범귀화자로 선정되었다.

자랑스러운 출입국인상 수상자 중에서 특히 기억에 남는 분은 2018년도에 수상한 베트남 출신의 서귀포종합사회복지관 사회복지사 김유정씨였는데, 과천청사에 열리는 행사에 참석하기 위하여 당일 새벽에 남편이 서귀포시에서 제주 공항까지 차로 태워주었고, 시어머니와 남편이 수상소식에 매우 자랑스러워했다는 것이었다.

새로운 이웃인 귀화자와 이주민들이 출입국당국에서 제정한 상에 대하여 그렇게 감사하게 여기고 그들의 가족들도 자랑스러워 하는 모습에 모범귀화자상과 자랑스러운 출입국인상을 제정한 것에 대하여 많은 보람을 느꼈다.

참전용사 후손에 대한 예우

2020년 6. 25 70주년을 맞이하여서는 6. 25 참전국 우수인재와 참전용사 후손에게 혜택을 부여하는 것이 의미 있을 것으로 생각하고 준영주비자를 부여하는 정책을 준비하여 시행하였다. 정부 초청 장학프로그램을 수료한 참전용사 후손 등 참전국 국민 68명에 대하여 취업과 학업이 자유로운 준영주자격인 F-2(거주) 자격을 최초로 부여하였다.

참전국 용사 후손 F2 부여 내역

인도	미국	터키	태국	에티오피아	필리핀	콜롬비아
14	8	8	8	8	6	6

영국	스웨덴	프랑스	덴마크	이탈리아	독일	계
4	2	1	1	1	1	68

출처:법무부 보도자료

참전국 용사 후손 소감

에스마 에스라(터키 27세)

'앞으로 한국에서 전공을 살려 관련된 활동을 하면서 영주권도 취득하고 싶다'

마시리 사로차(태국 23세)

'할아버지께서는 해군 복무 당시 한국전 파병에 자원하셨으며, 항상 한국전에 참전한 사실을 자랑스럽게 생각하셨다'

출처:법무부 보도자료

이민자멘토단

법무부는 2009년부터 사회통합프로그램(Korea Immigration and Integration Program:KIIP. 장기체류 외국인의 안정적인 국내 정착을 위해 한국어와 한국사회 이해 등을 교육하는 프로그램으로 2009~2019년 누적 참여자 27만명)을 운영하고 있는데, 프로그램 참여자가 증가하면서 한국어와 한국문화를 잘 이해하며 우리 사회에서 당당히 활동하는 외국인들도 많아졌다.

그런데, 체류외국인이 증가한 것에 비례하여 외국인에 대한 국민들의 시선은 과거와 달리 매우 복잡해졌고, 어떤 경우는 적대적인 모습까지 표출되기도 하였다. 매우 우려스러운 상황이 된 것이다.

이런 상황에서, 필자는 국민과 외국인 사이의 갈등을 조금이라도 줄이는 차원에서, 국내에서 모범적으로 거주하고 있는 외국인들의 사례가 좀 더 많이 우리 사회에 알려지고 이들 외국인들의 모습을 통하여 국민들이 외국인에 대한 편견을 줄이는 방안에 대하여 고민하게 되었다. 그러던 중 국내에서 모범적으로 거주하고 있는 외국인들로 하여금 국민과 외국인 사이의 가교역할을 하도록 하는 방안을 구상하였다. 그것이 이민자멘토단이었다.

선발 이민자로서 한국사회에 대하여 잘 아는 외국인들이 후발 이민자들에게 한국사회 적응 경험과 노하우를 공유하여 시행착오 없이 한국사회에 잘 정착할 수 있도록 멘토 역할을 함과 동시에 자원봉사 등 활동을 통하여 국민들의 외국인에 대한 편견을 해소하는데도 도움이 될 수 있겠다고 생각되었다.

2019년도에 시범 운영을 하다가 2020년도에 멘토단을 공개모집하여 110여명의 응모자 중 아시아, 미주, 유럽 등 22개국 출신 35명을 사회통합 이민자 멘토로 최종 선정하였으며, 2020. 5. 13. 추미애 법무부장관님을 모시고 이민자멘토단 발족식을 하게 되었다.

이민자멘토단 기념 사진

출처:법무부 보도자료

멘토들은 위촉식 이전에도 '덕분에 챌린지' 캠페인에 참여하는 등 코로나 극복을 위한 범국민 운동에 적극 동참하였는데, 필자는 이민자멘토들을 법무연수원의 출입국직원 직무교육 강사로 위촉하여 일선 출입국직원들이 이민자멘토의 출신국가 문화와 국내생활에서의 고충에 대한 이해를 깊게 할 수 있도록 하였다.

일선 사무소에서 근무하는 직원들이 자신들의 정책고객인 국내 체류 외국인이 어떤 사람들인지 정확히 알아야 국격에 맞는 출입국 관리행정을 펼칠 수 있다고 생각하였기 때문이다. 강사로 나선 이민자멘토는 출입국사무소에 갈 때마다 긴장하면서 대했던 출입국직원들을 상대로 강의를 하는 것에 대하여 놀라움과 자부심을 가지면서 그 후 더욱 모범적으로 활동을 하였고, 출입국직원들도 체류 외국인에 대한 이해를 더욱 잘 할 수 있게 되었다.

외투 나눔 대축제

2019년 가을 필자는 서울시가 내일신문과 공동으로 따뜻한 국가에서 온 외국인들이 추운 한국의 겨울을 잘 이겨낼 수 있도록 매년 연말에 외투 나눔 대축제행사를 한다는 기사를 우연히 보게 되었다. 체류외국인을 정책고객으로 하는 출입국직원들도 외투 나눔 행사에 참여하는 것이 의미 있겠다고 생각하여 문의를 해보았는데 이미 2019년도는 외투 수집을 끝냈고 2020년도에 연락을 달라는 것이었다.

그리하여, 출입국외국인정책본부의 전 직원은 그 다음해인 2020년도 외투 대축제 행사에 적극적으로 참여하게 되었는데, 처음 참여하는 것이라서 그런지 참여기관 중에서 가장 많은 외투를 기증하였다. 체류 외국인들이 가장 가기 꺼려하는 관공서가 출입국외국인사무소라고 하는데, 출입국직원들의 겨울 외투 나눔 행사 참여로 체류 외국인들이 출입국외국인사무소에 대하여 가지는 심정적 거리가 조금이나마 줄어들었기를 바라는 마음이었다.

2020년 외투나눔 대축제

4

미래와의 대화

낡은 틀을 깨고 미래를 대비하는
혁신적인 시스템 도입해야

메기 때문에 고달픈 미꾸라지

이민자 유입에 적극 찬성하는 분들(특히 경제신문 필진들)의 대표적인 논리 중 하나가 메기론(catfish effect)이다. 미꾸라지가 들어있는 수조에 메기 한 마리를 넣으면 미꾸라지들이 잡아먹히지 않으려고 도망 다니면서 더욱 싱싱하고 맛이 좋아진다는 것이다. 서양에서도 바다에서 청어를 잡았을 때 물메기를 넣으면 생명에 위협을 느낀 청어가 활발하게 움직여 오히려 생존율이 더 높아진다는 이야기가 있다고 한다. 생태계에 위협적인 경쟁자가 나타나면 기존의 개체들이 생존을 위해 더 활력을 띠게 된다는 비유이다.

일견 그럴 듯해 보이는 메기론에는 치명적인 함정이 있다. 현실에서는 우리 사회의 약자인 저소득 단순노무 근로자가 미꾸라지에 해당하기 때문이다. 추어탕가게 사장 입장에서는 메기(이민자)의 투입으로 매출을 극대화할 수 있겠지만, 이는 어디까지나 추어탕가게 사장의 입장이다. 미꾸라지(저소득 단순노무 근로자)의 입장에서는 메기(이민자)의 투입으로 일자리 경쟁에 내몰리게 되고 임금도 잘 올라가지 않게 될 수 있어 하루하루가 힘들고 고달프게 된다.

국민들이 3D 제조업 및 농어업에 근무하는 것을 기피하고 저출산·저출생·고령화로 젊은 경제활동인구가 감소하고 있는 상황에서 이민정책은 불가피한 면이 있다. 문제는 메기의 수조 투입으로 도망 다니느라 싱싱해져서 생존율이 높아지는 미꾸라지들만 있지 않고 당장 하루하루가 살기 힘들어진 미꾸라지들도 많다는 사실과 이들 미꾸라지들이 메기에 대하여 점점 더 강한 불만을 표출하고 있다는 것이다. 자칫 궁지에 몰린 미꾸라지들이 메기와 목숨을 건 싸움을 할 가능성도 있다.

체류외국인은 2007년도에 100만 명을 2017년도에 200만 명을 넘었으며, 코로나 직전에는 250만 명을 넘었다. 과거에는 중소기업의 3D 현장에서 근무하던 외국인근로자와 결혼에 어려움을 겪고 있던 농촌 총각의 배우자로 유입된 결혼이민자가 다수였으나, 언제부터인가 사증(비자)면제협정 등으로 비자 없이 입국하여 약속된 기한 내에 본국으로 돌아가지 않고 불법체류·취업하는 외국인들이 많이 늘어났다. 3D 제조업 현장이 아니라 우리 국민들도 상대적으로 선호하는 건설 현장에도 많이 유입되면서 건설 현장에 종사하는 국민들의 불만은 심각한 수준이다.

메기론이 내포하고 있는 문제점을 직시하고 어떻게 하면 메기와 미꾸라지 사이의 갈등을 최소화할 수 있을지 사회적 지혜를 모아야 한다. 추어탕가게 사장의 관점에서만 이민정책을 추진해서는 안 된다. 우리 사회는 취약한 미꾸라지들을 보호하는 사회적 장치에 대한 논의 없이 눈앞의 추어탕가게 매출에만 급급하여 메기를 마구 투입해왔던 것은 아닐까?

메기를 위한 변명

메기도 억울하다. 입가 부위에 긴 수염이 달렸다는 점에서 미꾸라지와 공통점이 있고 자기 덕분에 건강해져서 생존율이 높아진 미꾸라지들도 있고 추어탕 매출도 올라서 기분이 좋아진 추어탕가게 사장이 수조에 새 사료를 넣어 주어 미꾸라지들도 맛있게 먹게 되었는데도 자기 때문에 힘들어졌다며 원망하는 미꾸라지들이 있기 때문이다. 초청장 없이 수조에 들어간 메기는 덜 억울하지만, 추어탕가게 사장의 초청장을 받고서 수조에 투입된 메기는 특히 더 억울하다.

건강한 미꾸라지가 아닌 노쇠한 미꾸라지들은 메기에 쫓기다가 그만 잡아먹히는 게 일상이 되어버려 하루하루가 너무 힘들다. 급기야, 노쇠한 미꾸라지들을 중심으로 메기에 대한 결사항전의 의지를 다지게 되면서 수조는 하루하루가 피비린내가 나는 전쟁터가 되어버렸다. 수조는 메기와 미꾸라지들의 뜯겨진 살점과 피비린내로 악취가 진동하게 되었고, 싱싱한 미꾸라지들도 썩어가는 물 때문에 어느 순간부터 활력을 잃어버리게 되었다. 번성하던 추어탕가게에는 손님들의 발길이 점점 줄어들고 말았다.

메기와 미꾸라지 사이의 목숨을 건 혈투가 일어나기 전에 추어탕가게 사장은 미꾸라지들의 활력 감퇴와 노쇠화 등으로 매일 매일 추어탕 가게를 찾는 손님들이 줄어들고 있어서 메기 투입과 같은 특단의 조치가 없으면 추어탕가게 사장 입장에서도 미꾸라지들에게 더 이상 맛있는 사료를 공급해줄 수 없다는 현실, 손님이 끊기면 미꾸라지들도 그냥 폐사될 수도 있다는 사실, 메기의 수조 투입으로 미꾸라지들이 어떤 사료를 맛보게 되었고 얼마나 더 건강하게 되었는지, 메기 투입으로 추어탕가게 매출은 얼마나 더 올랐는지, 오른 매출로 어떤 맛있는 사료를 수조에 더 투입할 수 있는지 알려줄 필요가 있다.

미꾸라지들이 메기 투입으로 힘들어지는 부분도 있지만 늘어난 매출로 전보다 더 맛있는 사료도 맛볼 수 있게 되어 전체 미꾸라지 입장에서는 잃는 것보다 얻는 것이 더 많을 수 있다는 사실과 싱싱한 미꾸라지들이 더 많아졌다는 소문을 듣고서 손님들이 더 많아지면 미꾸라지들의 삶의 터전인 수조도 더 큰 것으로 바뀔 수 있다는 사실을 메기의 투입 전에 듣고 이해한다면 미꾸라지들도 별 거부감 없이 메기와의 공존을 받아들이지 않을까?

메기를 억울하게 만들지 말자. 메기도 미꾸라지처럼 입가에 긴 수염을 달고 있는 수조 속 물고기에 불과하다.

2024년도에 외국인 노동자 도입 규모가 대폭 확대된다고 하는데 그에 반해 외국인노동자지원센터 예산은 전액 삭감되었다고 한다.

2023. 11. 28.자 MBC 기사

외국인 노동자 더 들어온다는데..내년도 지원센터 예산은 '0원'

송서영 입력 2023. 11. 28. 20:01

국내 물정에 어두운 메기가 미꾸라지와 별다른 갈등 없이 조화롭고 건강하게 지내는데 큰 힘이 되던 외국인노동자지원센터의 예산 삭감으로 앞으로 메기와 미꾸라지 사이의 불필요한 오해와 갈등이 커지지 않을지 매우 우려된다.

메기와 미꾸라지의 공존을 위한 해법
- 이민자기여 사회통합기금

이민자 유입에는 장단점이 있다. 우리 사회에 새로운 활력소가 되기도 하고, 새로운 갈등요인이 되기도 한다. 교통·통신수단이 발달한 세계화·이주의 시대에서 이민자 유입은 막기 어려운 도도한 현상이다. 장점은 극대화하고, 단점은 최소화는 것이 필요하다. 이를 위한 장치로 생각해볼 수 있는 것이 (가칭)이민자기여 사회통합기금이다.

이민자들은 경제를 비롯한 우리 사회의 다양한 분야에서 많은 기여를 하고 있다. 그런데, 대다수 국민들은 이민자들이 경제적으로 기여하고 있다는 막연한 사실만 알 뿐 구체적으로 어떻게 얼마만큼의 기여를 하고 있는지 잘 모른다. 하루하루 먹고 살기 힘든 국민들은 단지 자신의 일자리를 잠식하고 자신의 임금이 오르지 않도록 하는 원인으로 이주민을 바라보기도 한다.

대만의 경우, 2008년부터 고용주로부터 외국인 근로자 도입으로 인한 혜택의 일부를 취업서비스법(就業服務法. Employment Service Act)에 따른 취업안정비(就業安定費. Employment Security Fee)라는 부담금으로 징수하여 취업안정기금(就業安定基金. Employment Security Fund)을 조성하고, 이 기금을 자국민에 대한 직업훈련·고용촉진이나 외국인근로자 고용관리 등과 같은 외국인 행정 관련 비용으로 사용한다. 기금 금액은 연간 152억 6000만 신대만 달러(2011년 기준, 한화 약 6,295억 원)라고 한다. 외국인근로자 활용으로 고용주가 누리는 이득 중 일부를 외국인근로자의 유입으로 일자리가 잠식되고 임금의 상방경직성이 생겨서 불만을 가질 수 있는 저소득 국민을 위하여 사용함으로써 저소득 국민들의 외국인근로자에 대한 반감을 해소하는 것이다.

대만 취업서비스법

(제55조) 사용자가 초빙 고용한 외국인이 취업서비스법 제46조 제1항의 제8호~제10호(해양어로산업 종사자, 가사근로자 및 간병인, 국가의 주요 건설사업이나 경제·사회 개발 필요에 의해 중앙주관기관이 지정하는 근로자)에 해당하는 경우 내국인 취업 촉진·노동복지 개선·외국인 충원 관련 행정비용 등을 충당하기 위해 취업안정비를 중앙주관기관이 설치한 취업안정기금 특정계정으로 납부하여야 한다.

대만 취업안정기금의 용도

취업안정기금의 수입·지출·관리 및 활용에 관한 규정

제5조 (기금의 용도) 기금의 용도는 다음과 같다.

1. 직업훈련 및 취업정보 강화 등에 관한 사항
2. 고용안정성 강화 및 고용촉진 등에 관한 사항
3. 창업대출 지원
4. 실업지원 및 실업보험 계획 등에 관한 사항
5. 고용안정에 기여하는 사업주에 대한 보조금 및 수당
6. 근로자 복지 향상에 관한 사항
7. 외국인근로자 고용관리에 관한 사항
8. 기능검정, 기능대회 및 취업선발 등과 관련된 사항
9. 대만 영토 내 외국인근로자를 위해 고용촉진, 직업훈련, 관리 관련 사항에 대하여 직할시·현(시) 정부에 보조금 지급
10. 노동자 권익기금 지출
11. 관리 및 총무 지출
12. 그 외 관련 지출

대만 이외에도 많은 국가들은 이민자 유입으로 인한 사회갈등을 완화하기 위하여 이민자 또는 고용주로부터 납부 받은 재원으로 사

회통합기금이나 별도 회계를 편성하여 운영하고 있다. 미국의 경우는 외국인이 납부하는 각종 출입국수수료·범칙금을 기본 재원으로 하며, 영국·캐나다·뉴질랜드의 경우는 외국인에게 별도로 부과하는 부담금(levy)을 재원으로 하며, 미국·대만·호주의 경우는 고용주에게 부담금을 부과하는 방식을 취하여 해당 기금을 자국민의 직업훈련 등에 사용하고 있다.

우리나라도 2003년 고용허가제가 국회에서 도입될 당시 외국인 근로자 고용으로 혜택을 보는 고용주들로 하여금 내국민 근로자 고용안정을 위하여 고용부담금을 징수할 필요가 있다는 지적이 있었지만 인권침해 논란이 있던 산업연수생제도를 고용허가제로 대체하려는 정부의 입장과 고용부담금 징수로 인한 인건비 상승 우려 등의 이유로 고용부담금 제도는 도입이 무산되고 말았다. 3년 정도 고용허가제를 시행한 후 상황을 평가하여 다시 논의하는 방안도 제시되었으나 이마저도 최종안에 반영되지 못하였다.

고용부담금제도는 그 이후 학계에서만 간혹 논의될 뿐 정부나 국회 차원에서 진지하게 논의되지 못하였고, 그러는 사이 고용허가제는 시행된 지 20년 가까운 시간이 지났다. 지금도 외국인근로자를 더 많이 더 빠르게 도입하자는 고용주의 입장을 대변하는 목소리만 있을 뿐, 외국인근로자 도입으로 인한 저소득 서민들의 불만을 어루

만져 줄 수 있는 제도에 대한 고민은 잘 보이지 않는다. 저소득 국민들의 불만이 사라져서 그런 것은 아닐 것이다. 그들의 목소리를 대변하는 언론은 찾아보기 어렵다.

법무부 출입국당국은 이러한 문제인식 하에서 과거 2015년도에 이민통합기금 도입을 추진한 바 있었고, 필자 역시 외국인근로자 등 이민자유입으로 인한 저소득 국민들의 반감이 갈수록 커져가고 있는 상황에서 이를 완화하거나 해소하는 정책을 도입하지 않으면 언젠가 유럽처럼 국민과 이주민 사이의 갈등이 한꺼번에 폭발해버리는 상황이 발생할 수 있다고 우려하여 본부장으로 부임한 직후인 2018년도에 이민자기여 사회통합기금을 추진하였다.

그러나, 별도의 기금 설치에 반대하는 기획재정부, 기금이 설치되면 다문화가족정책을 법무부에 빼앗길 수 있다고 우려한 여성가족부 등의 반대 때문에 번번이 좌절하였다. 그럼에도 필자는 이민자기여 사회통합기금은 국민들의 외국인에 대한 반감을 해소하거나 완화함으로써 국민과 외국인이 서로 이해하고 공존하게 할 수 있는 매우 필요한 정책이라는 생각에서 21대 국회에서 다시 추진하였다. 다행히 정성호 의원실에서 법안의 취지에 공감을 하여 2020. 7. 재한외국인처우기본법 개정안을 발의하여 주었는데, 현재 국회 법사위 법안심사 소위에 계류 중이다.

이민자기여 사회통합기금은 일반적인 기금과는 그 성격이 다르다. 이민자 유입으로 인하여 불가피하게 발생하게 되는 국민과의 갈등을 최소화하는데 매우 유용한 사회적·정치적 안전장치이다. 예일대 로스쿨 교수 에이미츄아는 '제국의 미래'에서 이민자에 대한 관용으로 제국으로 번성한 국가들이 '사회적 접착제' 결여로 급격히 쇠락하고 말았다고 진단하였는데, 법무부가 하고 있는 사회통합프로그램과 이를 뒷받침하는 재원이 될 수 있는 이민자기여 사회통합기금이야말로 지속가능한 사회를 위한 '사회적 접착제'가 될 수 있다.

코로나19 사태 초기인 2020년 초 마스크대란이 벌어졌을 때 외국인에게도 마스크를 지급할지 여부가 논란이 된 적이 있었다. 우리 국민들도 줄을 서서 힘들게 마스크를 지급받던 상황이라 국민들은 외국인에 대한 마스크 지급에 대하여 상당한 거부감을 표시하였다. 하지만 코로나 바이러스는 국적을 따지지 않아 외국인의 감염은 곧 국민의 감염으로 이어질 수 있었던 상황에서 외국인에 대한 마스크 지급은 방역 차원에서 불가피한 것이었다. 우여곡절 끝에 적십자사로부터 마스크를 기증받아 외국인들에게 배포하는 방안으로 처리되었는데, 만일 이때 이민자들이 납부한 수수료·범칙금 등으로 조성한 이민자기여 사회통합기금이 있었고 이 기금으로 마스크를 구입하여 외국인에게 지급하는 방식이었다면 국민들의 거부감이 훨씬 적지 않았을까?

'여권파워 세계 2위' 보도의 이면

우리나라 여권 파워가 세계 톱 수준이라는 기사를 종종 볼 수 있다. 여권 파워란 비자 없이 그냥 여권만으로 외국 방문이 가능하다는 의미이다.

2023. 1. 11.자 뉴스1 기사

한국 여권 파워 세계 2위...무비자로 192개국 방문 가능

싱가포르와 공동 2위...1위는 5년째 일본, 193개국 무비자

(서울=뉴스1) 신기림 기자 | 2023-01-11 16:03 송고 | 2023-01-11 16:42 최종수정

어떤 국가를 방문하기 위하여 비자를 받는다는 것은 번거로운 일이기 때문에 우리나라 여권만 있으면 비자 없이 방문할 수 있는 나라가 192개국이나 된다는 것은 자부심을 가질만한 일이다. 그런데, 이러한 기사에는 이면이 있다. 국력의 차이나 관광객 유치의 목적으로 해당국만이 우리에게 일방적으로 무비자를 적용하는 경우도 있으나 외교는 기본적으로 상호주의이기 때문에 우리가 비자 없이 갈 수 있는 국가의 국민이 역으로 우리 나라에 비자 없이 올 수 있는 경우도 많이 있다는 것이다.

2020. 6. 현재 상호간의 협정으로 무비자가 적용되는 사증(비자) 면제협정이 체결된 국가는 태국, 러시아, 카자흐스탄, 말레이시아,

터키, 독일, 프랑스, 모로코, 브라질 등 69개국이며(일부 국가는 높은 불법체류율 등으로 잠정 중지), 법무부장관의 행정명령으로 무사증(비자)이 적용되는 국가는 캐나다, 호주, 사우디아라비아, 남아프리카공화국 등 46개국이다.

문제는 우리나라와의 소득수준이나 국력 차이가 많이 나는 국가의 경우에는 당초에 양국 국민의 인적교류 활성화를 위하여 체결된 사증(비자)면제협정이나 무사증(비자)조치를 한 취지에 반하여 해당국 국민이 무사증(비자)기간 내에 본국으로 귀국하지 않고 불법취업 등 경제적인 이유로 계속 체류하는 사례가 갈수록 증가하고 있다는 것이다.

이것은, 우리나라가 경제적·국제적 역량이 약했던 1960~90년대에 사증(비자)면제협정이나 무비자를 한 경우가 많았는데 당시에는 외국인들이 입국하여 불법취업 등을 목적으로 계속 체류하는 사례가 별로 없었지만, 2000년대 이후에 K-팝, 한류, K-방역 등으로 우리나라의 국제적 위상이 많이 높아지고 경제부국으로 자리매김하면서부터는 우리와 소득수준이 상대적으로 많이 떨어지는 국가의 국민들이 입국한 후 불법취업 등 경제적 이유로 귀국하지 않는 경우가 매우 많아졌기 때문이다. 단적으로, 2020. 8.말 현재 불법체류 외국인 숫자는 약 39만 명 정도인데 그 중 47%인 18만 명이 사증(비자)

면제협정 등으로 비자 없이 입국해서는 약속된 기간 내에 출국하지 않고 계속 체류한 경우였다.

그렇다보니, 어떤 국가들의 경우는 불법체류율이 매우 높다는 이유 등으로 사증(비자)면제협정이 잠정 중지되기도 한다. 비자 없이 손쉽게 입국한 후 계속 체류하면서 불법취업하는 외국인들이 많아지면 고용허가제, 계절근로자 등 합법적인 절차로 입국한 선량한 외국인들이 결과적으로 손해를 보는 일이 발생하게 된다. 반칙하는 사람들이 많아지는데도 아무런 불이익을 받지 않으면 아무도 규칙을 지키려 하지 않을 것이다. 이주민 일반에 대한 국민들의 반감은 커질 수 밖에 없고, 만연해진 법질서 경시 풍조로 인하여 종국에는 지속가능한 외국인 정책의 근간이 무너지는 결과가 초래될 수도 있다.

필자가 본부장으로 있던 때 우리와 1982년 사증(비자)면제협정이 체결된 아프리카 A국 국민들이 비자 없이 손쉽게 입국해서는 국내에서 우리 국민들을 상대로 블랙머니 등 범죄행위를 하여 다수의 우리 국민 피해자가 발생하는 사례가 반복하여 발생하였다. 필자는 이러한 행태는 사증(비자)면제협정이 체결된 원래의 취지에 반한다고 판단하였고 외교부에 관련 실태를 전하면서 사증(비자)면제협정이 중지될 필요가 있다고 적극적으로 요청하였다(사증(비자)면제협정은 형식상 외교부 장관이 체결 당사자임). 해당국과의 외교관계 등을 이유로 처음에는 소극적이던 외교부도 A국 국민들의 반복된 범죄행위에 더 이상 사증(비자)면제협정을 유지하기 어렵다는 점에 공감을 하였고, 결국 2019. 7. A국과의 사증(비자)면제협정은 중지되었다.

필자는 사증(비자)면제협정 국가 중 특히 불법체류율이 높은 또다른 B, C 국가에 대하여도 현황 분석을 하여 외교부와 사증(비자)면제협정 중지의 필요성에 대한 협의를 한 바 있다. 외국인의 입국 및 체류 관리 책임을 맡고 있는 법무부 출입국당국 책임자로서는 응당 문제제기해야 할 사안이라고 생각했기 때문이다.

막상 외교부와 협의를 해보니 B, C 국가와의 사증(비자)면제협정을 중지하는 것은 간단한 일이 아니었다. 과거 우리나라가 어려웠을 때 해당국으로부터 도움을 받은 역사, 현지 체류 우리 교민의 불편 발생, 현지 진출한 우리 기업의 이해관계, 북한이탈주민의 제3국 임시경유지로서의 역할 등 여러 가지 고려할 역사적·외교적·경제적 이유 등으로 한번 체결된 사증(비자)면제협정을 중지하는 것은 아프리카 A국 사례와 같이 매우 특별한 경우가 아니면 사실상 불가능한 것으로 파악되었다.

그래서, 필자는 B, C 국가의 주한대사를 만나 자국민들의 과도하게 높은 불법체류율에 대한 우려를 전하면서 본국이 자체적으로 자

국민의 불법체류율을 낮출 수 있는 방안을 적극 강구해 줄 것을 요청하였고, 해당 국가들은 법무부 출입국당국의 우려를 전달받은 후 자체적으로 불법체류율을 줄이기 위한 조치를 하는 성의를 보이기도 하였다. 하지만, 꾸준하게 지속되지 않는 등 한계가 분명하였다.

필자가 본부장으로 재직할 당시 전자여행허가제(K-ETA)의 도입에 전력을 다한 것도 사증(비자)면제협정은 중지하기 어렵고 상대국의 자체적인 조치 역시 한계가 분명한 현실에서, 전자여행허가제가 국경관리의 공백을 메꾸어줄 수 있는 대안이라고 판단하였기 때문이었다.

무비자제도는 해당 국가와의 외교관계를 획기적으로 발전시키는 데 유용한 수단이기 때문에 앞으로도 필요하면 해야 할 수 있다. 다만, 외국과 무비자 조치를 할 경우에도 한번 체결하면 중지하는 것이 매우 어려운 사증(비자)면제협정보다는 법무부장관의 행정명령이기 때문에 취소를 하는 것이 부담이 훨씬 적은 무사증조치를 하는 것이 바람직하다고 생각한다.

여권파워가 우리보다 높은 세계 1위라는 일본의 경우, 우리처럼 사증(비자)면제협정과 무비자 제도를 병행하여 운영하고 있기는 하지만 사증(비자)면제협정을 우리와는 달리 조약이 아닌 행정약정 형식으로 체결한 경우가 다수라고 한다. 혹시라도 사증(비자)면제협정을 체결하는 경우에도 해당국 국민의 불법체류율이나 범죄발생율 등에 따라 협정이 중지될 수 있도록 하는 안전 조항을 규정할 필요성이 있다. 현재의 사증(비자)면제협정 양식에는 그러한 조항이 전혀 없다.

우리나라의 국제적 위상이 높아졌고 앞으로도 더욱 높아질 것으로 예상되는 상황에서, 사증(비자)면제협정과 무비자제도 역시 그에 걸맞게 재설계될 필요가 있다.

법관 증원의 해법

2022년 사법연감에 의하면 서울행정법원이 2021년도에 처리한 사건 중에서 가장 많은 유형은 놀랍게도 난민소송이다. 법원은 사건의 처리에 있어 특정 분야에 대한 전문지식과 경험이 특히 필요하거나 처리기준의 일관성 및 사건 처리의 효율성을 도모할 필요가 있는 경우 전문재판부를 설치하여 운영하여 왔는데, 2021년 현재 서울행정법원의 난민소송 전문재판부는 무려 10개(행정1~7, 10, 11, 13단독)로 산재 전문재판부 14개에 이어 두 번 째로 많다. 그만큼 난민소송 처리에 법관들이 많이 투입되고 있음을 알 수 있다.

2021년 서울행정법원 전문분야 재판부 처리건수 표

전문분야	재판부 수	처리건수
산재	14	1,343
난민	10	2,687
조세	7	734
토지수용	5	487
노동	5	538
영업정지	2	380
보건	5	270
도시정비	4	130
운전면허	1	56

출처:2022 사법연감

2021년 전국 법원 심급별 주요 행정소송사건 접수 현황

	총계	난민	토지수용	공무상 재해·산재	조세	영업정지 ·취소	노동	그 외
1심	23,868	4,356	2,626	2,152	1,791	872	625	11,446
2심	7,780	2,333	278	377	846	257	305	3,384
3심	3,406	1,062	78	142	448	76	154	1,446

출처:2022 사법연감

2021년 난민소송 승소건수 및 승소율. 출처:2022 사법연감

	처리건수	승소건수	승소율
1심	4,096	8	0.19%
2심	1,580	4	0.25%
3심	880	2	0.22%

이렇게 난민소송이 급증하고 사건처리에 투입되는 법관들 수도 늘어난 것은 난민신청자가 대폭 증가하였기 때문이다.

연도별 난민신청 추이

연도	'94~'14	'15	'16	'17	'18	'19	'20	'21	'22
신청자	9,539	5,711	7,541	9,942	16,173	15,452	6,684	2,341	11,539

출처:법무부 출입국외국인정책본부 홈페이지

그런데, 늘어난 소송업무로 인하여 법관 수가 절대적으로 부족하며 증원이 필요하다는 기사를 종종 보게 된다.

2023. 1. 18.자 노컷뉴스 기사

법관 1명을 양성하고 유지하는 데는 실로 많은 비용이 소요된다. 그런데, 법관이 난민사건 처리에 많이 투입되는 것이 바람직한 것인지 매우 의문이다. 국적난민과장과 출입국외국인정책본부장을 하면서 8년 10개월 동안 난민사건을 접해본 필자의 경험에 의하면, 난민사건은 법리적인 판단보다는 해당 국가의 국가정황, 세계적인 이민·난민 추세와 실상에 대한 전문성이 있는 지역·이민·종교문제 전문가의 견해와 판단이 더 필요한 사건이다. 이의신청 사건을 다루고 있는 법무부 난민위원회 심사도 해당 난민신청자의 출신국가나 지역·종교 등에 대하여 정통한 민간 전문가의 견해가 결정적인 영향을 미치고 있다.

세계화·이주의 시대에 법관의 전통적인 역할에 대하여 근본적인 재검토를 할 필요성이 있다. 법원도 처음에는 난민소송이 생소하고 선례도 없다 보니 합의부가 난민사건을 담당하였는데, 언제부터인가 법관이 3명이나 투입될 성격의 재판이 아니라고 판단하여 판사 1명인 단독재판부가 1심을 하고 있다. 이것 조차도 법관이 불필요하게 많이 투입되고 있는 것이다.

난민신청을 하였다가 불인정된 자가 이의신청을 제기하면 법무부에 설치된 민관 전문가로 구성된 난민위원회가 이의신청사건을 처리한다. 이에 대하여 불복하면 행정법원에 소송을 제기하고, 이때부터 3심이 진행된다. 그런데, 난민사건에 과연 이렇게 많은 절차를 보장하고 법관을 투입하는 것이 바람직한 것인지에 대한 사회적 고민이 필요하다.

'범죄인 인도에 관하여 그 범위와 절차를 정함으로써 범죄 진압 과정에서의 국제적인 협력을 증진함'을 목적으로 하고 있는 범죄인 인도법은 관련 절차를 서울고등법원 단심제로 하고 있다. 서울고등

법원은 지난 2006년 서울고검이 청구한 베트남 정치범 우엔 우창 (Nguyen Huu Chanh)(1975년 월남 패망 전까지 건축회사를 운영 하다가 베트남을 탈출하여 미국 LA에 정착한 자로서, 1995년 공산 베트남 반대세력을 규합해 미국에서 자유민주주의 베트남 정부를 결성하여 2002년부터 2004년까지 이 단체의 수반을 지냈음)에 대 한 범죄인인도 심사 청구 사건에서 본국 송환 불허 결정을 내린 바 있다. 국내 법원이 범죄인 인도 청구 사건 피청구인을 정치범으로 인정해 송환 불허 결정을 내린 최초의 사례였는데, 당시 언론보도를 보면 우엔 우창을 '난민'으로 표현하였음을 알 수 있다.

2006. 7. 27.자 머니투데이 기사

한국법원, 베트남 정치범 본국 송환 불허 결정

입력 2006. 7. 27. 11:15   수정 2006. 7. 27. 11:15

[머니투데이 양영권기자]서울고법 형사10부(부장판사 구욱서)는 27일 서울고검이 청구한 베트남 난민 우엔 우 창(Nguyen Huu Chanh-58)에 대한 범죄인 인도 심사 청구 사건에서 "우 엔 씨의 본국 인도를 허가하지 않는다"는 결정을 내렸다.

범죄인인도법은 '범죄인이 인종, 종교, 국적, 성별, 정치적 신념 또는 특정 사회단체에 속한 것 등을 이유로 처벌되거나 그 밖의 불 리한 처분을 받을 염려가 있다고 인정되는 경우'는 절대적 인도거 절 사유로 규정하고 있는데, 이 사유는 난민협약 상 난민 사유와 거 의 동일하다. 그런데도 단심제인 범죄인인도절차에 비해 난민심사

절차는 법무부 2단계, 법원 3심으로 5번의 절차가 적용된다. 범죄인인도절차가 단심제인 것은 신속한 처리의 필요성이 그 이유일 텐데, 왜 난민심사절차에는 신속한 처리의 필요성이 적용되지 않는 것일까?

난민사건도 신속하게 처리하여 인정할 사람은 빨리 인정하여 필요한 지원과 보호를 하고, 불인정할 사람은 빨리 불인정하여 출국조치를 함으로써 체류연장과 취업의 방편으로 난민제도가 악용되는 것을 막아야 한다. 현재는 체류연장과 취업의 방편으로 난민제도에 의존하는 사례가 상당히 많으며, 그로 인해 전반적으로 길어진 절차로 선량한 난민들이 피해를 입고 있다.

난민위원회도 당사자의 직접 변론은 아주 예외적으로 허용하고 대부분이 서면심사로 끝나고 있어 그 한계가 분명하다. 난민위원회와 1심인 행정법원 절차를 통합하여 난민사건 뿐만 아니라 이민사건 일반도 다루는 이민·난민심판원 같은 전문기구를 만들어서 법원의 1심과 같이 변론주의를 도입하여 충실하게 운영하되, 그 구성을 현직 또는 퇴임 법관을 위원장으로 하면서 출신국 국가정황이나 지역·종교, 난민업무 경험이 많은 민간전문가를 패널로 구성하여 위원장이 이들 전문가 패널의 자문을 받으면서 결정을 하는 방식으로 할 필요가 있다. 그렇게 하면 당사자들의 승복율도 높아질 수 있으며, 불복절차도 현재와 같은 3심이 아니라 2심 등으로 간이화할 필요가 있다.

복잡한 법리판단이 필요하지 않은 난민사건에 법관이 과도하게 투입되는 현실을 그대로 두면서 법관을 증원한다는 것은 국가적·사회적 낭비이다. 소 잡는 칼로 닭 잡는 격이다. 국민에 대한 일반 행정소송과는 달리 이민·난민사건은 신속하게 처리하지 않으면 사실상 출국조치하기 어려운 인적·물적 유대관계가 국내에서 형성되어 버리고 만다. 절차가 천천히 진행되는 동안에 2세를 낳는 신청자들도 있는데, 이때는 더 이상 신청자만의 문제가 아니게 된다.

국경관리와 체류외국인 관리를 온정주의적 감성으로 할 수는 없다. 엄정하게 할 것은 엄정하게 하면서 필요한 인도주의적 조치를 해야 한다. 그렇게 하지 않으면 국민들이 선량한 이주민을 포함한 이주민 일반에 대한 반감을 가지게 된다. 자칫하면, 유럽처럼 국민과 이주민·난민간의 갈등이 걷잡을 수 없이 커지고 극우정당이 득세하게 되는 결과가 초래될 수도 있다.

전통적인 사법시스템은 이주의 시대에 효율적으로 작동하지 않고 있다. 고도로 훈련된 법관이 그에 걸맞는 법리적 판단이 필요한 사건에 투입되어야지 현재와 같이 난민사건에 과도하게 투입되는 것은 국가적 낭비다. 이주의 시대에 부합하는 사법시스템의 근본적인 재설계가 시급하다.

'다문화' 피로감

우리 사회가 다문화사회에 들어섰다는 말은 이미 오래전부터 익숙한 이야기다. 그런데, 다문화 관련 예산이 늘어나면 늘어날수록 다문화에 대한 반감과 피로감이 증가하는 역설적인 현상이 벌어지고 있다. 국민과 외국인으로 이루어진 가족을 의미하는 다문화가족에 대한 소득수준을 불문하는 무분별한 지원이 오히려 이주민에 대한 국민의 반감을 불러일으키기도 한다. 현장에서 만나는 결혼이민자 조차도 '제발, 다문화란 말을 쓰지 말아 달라'고 하소연하기도 한다.

이주민들이 낯선 땅에 원만하게 적응하도록 지원하는 것은 이주민을 위해서 뿐만 아니라 우리 사회의 안전과 미래를 위하여서도 필요한 일이다. 하지만, 이주민을 '지원이 필요한 사회적 약자'로 일반화하여 무분별한 지원을 하는 것은 옳지 않다. 저소득 국민들의 반감을 불러일으키며 이주민들이 자립하여 정정당당하게 자신의 목소리를 내도록 하는데도 방해가 된다.

다문화가족지원법이 국적 개념에 기초하여 정의를 하고 있기 때문에 지원이 필요한 이주민가족이 아닌 경우도 지원 대상이 되는 문제도 있다. 예를 들어, 부모가 미국에서 유학 중일 때 태어나서 선천적으로 한·미 복수국적자가 된 아이가 어린 나이에 귀국하여 계속 국내에서 초중고를 다니다가 나중에 우리 국적을 포기(이탈)하여 우리 국적만 가지고 있는 '검은머리 외국인'이 된 후에 초등학교 동창인 한국 국적자와 결혼하면 현행 다문화가족지원법상 다문화가족이 되어 버린다. 외모나 문화 등에 있어서 결코 이주민이라고 볼 수가 없는데도 말이다.

다문화가족지원법

제2조(정의) 이 법에서 사용하는 용어의 뜻은 다음과 같다.
 1. "다문화가족"이란 다음 각 목의 어느 하나에 해당하는 가족을 말한다.
  가. 「재한외국인 처우 기본법」 제2조제3호의 결혼이민자와 「국적법」 제2조부터 제4조까지의 규정에 따라 대한민국 국적을 취득한 자로 이루어진 가족
  나. 「국적법」 제3조 및 제4조에 따라 대한민국 국적을 취득한 자와 같은 법 제2조부터 제4조까지의 규정에 따라 대한민국 국적을 취득한 자로 이루어진 가족
 2. "결혼이민자등"이란 다문화가족의 구성원으로서 다음 각 목의 어느 하나에 해당하는 자를 말한다.
  가. 「재한외국인 처우 기본법」 제2조제3호의 결혼이민자
  나. 「국적법」 제4조에 따라 귀화허가를 받은 자

또한 다문화가족지원법은 소득수준을 불문하기 때문에 영국 태생의 여배우와 결혼소식을 알린 배우 송중기도 다문화가족지원법의 적용대상인 다문화가족에 해당하며 각종 지원을 받을 수 있다.

언론에 의하면 송중기는 서울 도처에 단독주택과 빌라 등을 보유한 부동산 부자라고 하는데, 송중기 부부가 지원을 받는 것을 납득할 수 있는 국민이 몇 명이나 될까. 송중기 본인도 원하지 않을 것이다.

2023. 2. 1.자 KBS 기사

[ET] '재벌 아들' 안 부러운 송중기, 영국인과 재혼으로 다문화 혜택까지?

KBS   입력 2023. 2. 1. 18:09

다문화 가족 지원법은 서로 다른 환경에서 자란 두 사람이 대한민국에서 좀더 원활하게 적응하라는 뜻으로 만들어졌습니다.

다만 일각에서는 소득 기준에 상관없이 혜택이 주어지는 것을 두고 문제를 제기하기도 합니다.

국민과 외국인 사이의 결합이라고 해서 일방적으로 지원 대상으로 삼으면 안 된다. 성급한 일반화의 오류이다. 2012년도에 한국 남성과 결혼한 일본 출신 파워블로거 사야까씨는 단지 자신이 다문화 가족이라는 이유만으로 소득수준을 불문하고 지급되는 보육료 지급을 거절하여 큰 화제가 되기도 하였다.

2012. 1. 15.자 국민일보 기사

[단독] "한달 공돈 39만원, 엉터리라 안받을래요"... '파워블로거' 사야까, 다문화 보육료 지원 거부

입력 : 2012-01-15 23:10   좋아요 0개

15일 유명 일본여성 블로거 고마츠 사야까(31)씨의 블로그에는 '내 눈으로 본 한국, 한국인'에 게재한 '보육료 거절합니다'라는 글이 게재돼 있었다. 이 글에서 사야까씨는 한국의 다문화 가정 지원정책을 '한국인을 역차별하는 엉터리 선심 정책'이라고 비판했다. 그는 하루 방문

이주배경, 소득수준 등을 고려한 정교한 정책을 세우지 않으면 정작 지원이 필요한 다문화가족들이 피해를 입게 되는 결과가 초래된다. 갈수록 다문화정책 예산은 늘어가고 있는데, 그에 비례하여 국민들의 다문화정책에 대한 반감이 증가한다는 것은 정교하지 않은 정책 탓이 크다.

국민들이 다문화정책, 외국인정책에 대한 반감을 키우는 것에 대하여 다문화감수성 캠페인이나 교육으로 대응하는 것은 근본적인 대책이 될 수 없다. 반다문화 목소리를 높이는 국민들은 다문화감수성 캠페인이나 교육을 'PC주의(Political Correctness)'라고 반발하면서 반감을 더욱 키우고 있다. 캠페인이나 교육보다 더 중요한 것은 국민이 역차별 받지 않도록 하는 균형감 있는 다문화정책이다.

다문화가족정책은 다문화가족지원법에 따라 여성가족부가 담당하고 있다. 결혼이주민을 포함한 국내 체류 외국인 전체에 대한 기본법인 재한외국인처우기본법에 따라 외국인정책을 총괄하고 있는 법무부 출입국당국은 소득수준을 불문하는 다문화정책에 대한 국민들의 반감 증가로 지속가능한 외국인정책 추진에 상당한 어려움을 느꼈다. 그런데, 법무부 출입국당국이 이러한 다문화정책에 대한 문제제기를 하면서 공론화를 하자 여성가족부 관계자는 왜 자신들 업무에 법무부가 관여하느냐면서 항의를 하였다. 다문화가족 정책 부서는 막대한 예산을 투입하고도 왜 국민들의 반다문화 정서와 목소리가 커져만 가는지 그 이유를 냉정하게 살펴야 하지 않을까.

'출입국·외국인청' 신설 필요성

체류외국인이 200만 명을 넘은지 오래된 한편 저출산·저출생으로 인하여 갈수록 경제활동인구는 감소하고 있고, 외부적으로는 교통·통신 수단이 발달되어 전 지구가 하나로 연결된 세계화·이주의 시대에 이민정책은 하고 안하고의 선택의 문제가 더 이상 아니다.

문제는 속도와 조건이다. 예전에는 재한 화교 외에는 장기체류 외국인이 별로 없었으나, 88올림픽 이후 1990년대부터 산업연수생 제도 시행, 농촌총각의 국제결혼 활성화, 중국과의 수교 후 중국동포 대거 유입 등으로 이미 우리 나라에는 새로운 유형의 장기체류 외국인이 짧은 시간에 대규모로 생겨났다. 유입 규모와 속도 면에서 과거 어느 때보다 더 컸다.

그런데, 외국인 관련 업무는 어느 한 곳에서 통일적·체계적으로 관리되지 않고 있어 예산이 비효율적으로 집행되는 등 부작용이 많다. 외국인정책이 주로 산업현장 인력부족 문제 해결을 위한 경제적 관점에서 논의되고 추진되다 보니 외국인과 경쟁 상태에 내몰리게 되는 국민들의 불만도 늘어나고 있다. 소득수준을 불문하는 일부 정책으로 인하여 저소득 국민의 역차별 논란도 발생하고 있다. 새로운 유형의 사회갈등이 생겨나고 있다. 저소득 국민들은 이민자를 사회적 약자로 일반화하여 온정의 대상으로만 바라보는 주류 언론의 시각에 대하여 거부감을 표시하면서 반감을 키우고 있다.

현재의 이주민 관련 거버넌스는 체류외국인이 200만 명을 넘고 난민, 이주배경아동, 불법체류 중인 부모 사이에 국내에서 태어난 아동, 단기방문자의 정주화 증가, 재외동포의 대거 입국, 이질적인 문화·종교적 배경을 가진 이민자 증가 등 과거에 미처 경험하지 못한 이주와 관련한 다양하고 복잡한 이슈가 등장하고 있는 상황에 효율적으로 대응하지 못하고 있다.

불가피한 이민정책으로 인한 혜택은 극대화하고, 단점은 최소화하기 위하여는 여러 부서에 분산되어 있는 외국인 정책을 하나의 컨트롤타워에서 통일적·체계적으로 관리하지 않으면 안 된다. 이민자를 무조건 많이 유치하는 것이 주된 정책목표인 것과 같은 뉘앙스를 풍기는 '이민청'이 아니라 이민자 유입의 규모와 속도를 적절히 조절하고, 사회통합정책으로 국민과 이주민의 갈등을 최소화하는 '출입국·외국인청' 또는 '출입국·이민(정책)관리청'이 필요하다.

출입국·이민관리는 국경관리 뿐만 아니라 경제에 미치는 영향이 매우 크다. 외국인근로자(E9)에 대한 비자발급 및 입국 후 사후 관리, 투자이민제도, 관광객 유치 활성화 등 우리 경제에 많은 영향을 미치는 사안들에 출입국외국인정책본부는 약방의 감초처럼 긴밀하게 관여하고 있다. 그런데 출입국외국인정책본부는 법무부 내 하나의 부서이다 보니 경제부처 장관 회의 참석이나 배석 대상도 아니다. 그렇다고, 출입국·이민관리업무에 대한 전문성이 부족하고 평소 검찰국·법무실 현안으로 매우 바쁜 법무부장관이나 차관이 경제부처 장관회의에 참석하는 것도 부적합하다. 출입국외국인정책본부가 '출입국·외국인청' 또는 '출입국·이민(정책)관리청'으로 승격되어 청장이 경제부처 장관회의에서 출입국·이민정책에 대한 의견을 적극적으로 개진하도록 하는 것은 우리 경제 활성화를 위하여서도 필요하다.

'출입국·외국인청' 또는 '출입국·이민(정책)관리청'은 더 이상 늦출 수 없는 과제이다.

'보수'와 이민정책

'보수'의 전통적 가치 중 하나는 '민족 중시'이다. 역사적으로 '보수'는 스스로의 혈통과 뿌리를 중시하면서 이주민에 대하여 배타적인 태도를 취하는 것을 하나의 특징으로 하고 있다. 그런데, 우리나라 '보수'는 좀 특이하다. 경제지를 비롯한 우리나라의 대표적인 보수 미디어들은 이주민 유입에 대하여 배타적이지 않으며 오히려 산업현장에서 일손 부족 현상이 심각하고 저출산·저출생·고령화로 인하여 경제활동인구가 감소하기 때문에 이주민들의 더 많은 유입이 필요하다고 목소리를 높이고 있다.

그런데, 아이러니하게도 이주민의 대부분을 차지하고 있는 아시아나 중동 국가의 인력까지 찾지 않더라도 서울에서 불과 몇 십 킬로미터 밖에 떨어지지 않은 곳에 지구상에 가장 싼 노동력 중 하나가 상시 대기 중이다. 이들은 우리와 천년 이상의 오래된 역사를 공유하는 같은 민족이며 아시아나 중동 국가 출신 외국 인력과는 달리 별다른 언어장벽도 없다. 우리는 일손 부족으로 시달리는데, 이들은 일자리 부족으로 시달리고 있다. 언어와 문화, 종교가 이질적인 이주민보다는 동질적인 이들 우리 민족 인력을 우선적으로 활용해야 한다고 주장하는 것이 민족을 중시하는 정통 '보수'의 모습이 아닐까?

북한 인권에 대한 목소리를 적극적으로 내는 '보수'는 왜 일자리 부족으로 고생하는 북쪽의 동족 인력과 일손 부족으로 고생하는 우리 고용주들이 서로 상생할 수 있는 방안을 적극적으로 주창하지 않을까? 결과적으로 북한정권 유지에 도움이 될 수 있다는 우려 때문에 그런 것일까? '보수'가 원하는 '북한정권 붕괴'가 될 때까지 우리와 북은 서로 얼마나 더 이질적으로 변화할까? 언젠가 통일이 되었을 때 그 사이에 일자리 부족으로 영양실조에 걸려서 제대로 성장하지 못한 북쪽의 동족 인력들과 대규모 이주민 유입으로 전통적인 민족의 모습과는 사뭇 많이 달라져 있을 남쪽의 한국인들은 서로를 과거 천 년 이상의 역사를 공유했던 하나의 민족으로 이질감 없이 대할 수 있을까?

자칭 '정통 보수'라면 수십 년 이후의 '대한민국'의 모습에 대하여 좀 더 진지한 고민을 해야 하는 것은 아닌지, 심각한 저출산·저출생의 국가적 위기 상황에서 문화적·언어적으로 아시아나 중동 출신 외국 인력보다 훨씬 더 동질적인 북한의 노동력 활용방안에 대하여 적극적인 관심을 가져야 하는 것은 아닌지 반문해본다.

후기

섬세하고 정교한 예술 같은
이민정책, 이미그라트(ImmigrArt) 펼쳐야

형사법과는 달리 정책 분야, 그 중에서도 정책 환경의 영향을 특히 많이 받는 이민정책과 관련하여서는 정해진 답이 없다. 어제 맞는 정책이 내일은 틀릴 수도 있고, 어제 틀린 정책이 내일은 맞을 수도 있다. 필자가 본문에서 언급한 정책들도 마찬가지라고 생각한다.

심각한 저출산·저출생의 국가적 위기 상황에서 이민정책은 갈수록 주목받고 있다. 이민정책에 대한 호불호를 떠나서 피할 수 없는 현실이다. 하지만, 이 땅에 발 딛고 살아온 기존의 국민들이 역차별이나 소외감을 가지게 하는 이민정책은 위험하다. 자칫, 일찍이 경험하지 못한 국민과 외국인 사이의 봉합하기 어려운 갈등이 초래될 수 있다. 이주민 유입으로 인한 장점은 극대화하면서도 단점은 최소화하는 섬세하고 정교한 예술 같은 이민정책, 이미그라트(ImmigrArt)가 필요하다.

필자가 본문에서 소개한 업무 성과들은 무에서 유를 창조한 것이 아니다. 필자가 근무하기 전에 이미 출입국 당국에는 많은 노하우와 미래를 위한 비전·이론들이 오랫동안 축적되어 있었다. 필자는 단지 직원들과 일심동체가 되어 이러한 노하우와 비전·이론에서 때에 맞는 의미를 찾고 물이 들어왔을 때 다함께 노를 힘껏 저었을 뿐이다. 필자와 함께 의미를 찾고 물이 들어왔을 때 힘껏 노를 저어 준 법무부 출입국·외국인정책본부 간부 및 직원 모두에게 깊은 감사의 마음을 전한다.

이민통합기금 해외사례 요약(출처 : 법무부 이민통합과 「이민·통합기금」 주요 국가 사례, 2021)

국가		명칭	개요
미국	1988~현재	이민심사수수료계정 (Immigration Examinations Fee Account, IEFA)	이민 관련 수수료를 징수 및 예치하여 이민국 업무에 활용하기 위해 미 재무부 일반기금 내에 별도로 설치한 계정
	1998~현재	H-1B비이민비자수수료계정 (H-1B Nonimmigrant Petitioner Account)	외국인 임시전문인력의 고용주로부터 징수한 외국인 취업비자 발급수수료로 이민국 업무 및 자국민의 직업훈련을 지원하기 위해 미 재무부 일반기금 내에 별도로 설치한 계정
캐나다	1995~현재	영주권 정착수수료 (Right of Permanent Residence Fee, RPRF)	비자 심사 비용을 충당하기 위해 영주권 신청이 승인되면 영주권 심사수수료 이외 별도로 징수하는 수수료로 부담금 개념
뉴질랜드	2015~현재	이민부담금 (Immigration Levy)	비자 신청 시 지불하는 부담금으로 이민자 정착 지원, 이민 관련 연구 등에 사용됨
영국	2009~2010	이민영향기금 (Migration Impacts Fund, MIF)	이민자 유입 증가로 인해 지방정부가 겪는 공공서비스 (병원, 학교, 주거, 치안 등) 제공 부담을 완화하기 위한 기금으로 이민자에게 별도 부과(50파운드)
	2015~현재	이민보건수수료 (Immigration Health Surcharge, IHS)	이민자가 영국 국가보건서비스(National Health Service) 이용 자격을 취득하기 위해 비자 신청 시 납부해야 하는 수수료로 부담금 개념
	2016~2020	이주관리기금 (Controlling Migration Fund)	이민자 대거 유입에 따른 지역사회 내 문제 해결을 돕기 위한 기금으로, 두 가지 항목 (신규이주민 관리, 불법체류자 관리)으로 구성되어 지자체에 보조금 지급 및 불법체류자 단속활동을 지원
	2018~2020	지역사회통합혁신기금 (Integrated Communities Innovation Fund, ICIF)	다양한 배경을 가진 영국 거주민들의 통합을 저해하는 요인을 해결하고자 하는 혁신적인 지역사업을 지원하기 위해 설치한 기금
아일랜드	2017~현재	지역사회통합기금 (Communities Integration Fund, CIF)	이민 관련 정부부처가 수립한 이주민통합전략 (Migrant Integration Strategy)에 따라 이주민과 난민의 통합을 촉진하려는 지역사회(지자체)의 노력을 지원하기 위해 조성한 기금
	2017~2023	이주민통합추진실 국가자금지원계획 (OPMI National Funding Programme, NFP)	'2017~2020 이주민통합전략' 실현을 위한 핵심적 수단으로서 이민자와 그 자녀를 위한 각종 사회통합 사업을 선정·지원하기 위해 마련된 제도로, 3년 단위로 운용
대만	2008~현재	취업안정기금 (就業安定基金, Employment Security Fund)	외국인근로자 고용관리 및 내국민의 취업 및 근로환경 개선을 위해 고용주로부디 별도징수한 '취업안정비'로 조성한 기금

국가		명칭	개요
대만	2005~ 2014	외국인배우자 지원상담기금 (外籍配偶照顧輔導基金, Foreign Spouse Care and Counseling Fund)	대만 국민의 외국인배우자 증가 추세를 인구 감소에 대한 해법으로 삼고자 이들을 다방면으로 지원하기 위해 설치한 기금
	2015~ 현재	신규이민자발전기금 (新住民發展基金, New Immigrants Development Fund)	기존의 '외국인배우자 지원상담기금'을 확대하여 대만 국민의 외국인배우자와 그 자녀의 사회 적응, 역량 강화, 사회안전망 구축, 지도·훈련 등을 목적으로 하는 기금
호주	2018~ 현재	호주기술기금	외국인노동자 고용주로부터 징수하는 부담금으로 자국민의 직업훈련을 지원하기 위해 호주 정부가 설치하여 운용 중인 기금
유럽 연합	2007~ 2013	역외국경기금 (External Borders Fund, EBF)	쉥겐협정 체결국이 EU 역외 국경으로 유입되는 불법이민자를 단속하고 합법적 체류를 지원하는 공동의 정책을 마련하도록 지원
		유럽귀환기금 (European Return Fund, RF)	EU회원국에서 강제적·자발적으로 귀환하는 이민자를 지원하는 데 필요한 EU의 통합된 기준과 귀환 시 발생하는 비용을 마련하고자 설치한 기금
		유럽난민기금 (European Refugee Fund, ERF)	EU회원국의 난민과 실향민을 안전하게 수용할 수 있도록 지원하기 위한 기금
		유럽통합기금 (European Integration Fund, EIF)	EU 역외 국경의 통합적 관리, 난민 문제의 공평한 부담, 제3국 출신 이민자 통합 지원을 위한 EU공동의 기금
	2014~ 2020	역내안보기금 (Internal Security Fund, ISF)	합법적 이주 지원, EU 역외 국경 관리, 범죄 방지, 안보위험 대비 등을 골자로 하며, 두 가지 항목(국경·비자(ISF Borders and Visa), 치안(ISF Police))으로 구성
		유럽망명이민통합기금 (Asylum, Migration and Integration Fund, AMIF)	유럽귀환기금(RF), 유럽난민기금(ERF), 유럽통합기금(EIF)을 통합한 기금으로, EU난민법의 효율적·일관적 적용, 합법적 이주 독려, 공정하고 효과적인 귀환전략 수립, EU회원국 간 협력 강화를 목적으로 함
	2021~ 2027	국경통합관리기금 (Integrated Border Management Fund, IBMF)	역내 안보와 국경 관리를 위한 재정 조달책 마련을 위한 기금, 기존의 역내안보기금(ISF)을 개편하여 치안(ISF Police) 항목을 세관검사장비(Customs Control Equipment) 항목으로 대체
		유럽망명이민기금 (Asylum and Migration Fund, AMF)	유럽망명이민통합기금(AMIF)를 한 단계 발전시킨 기금으로, 이민자 조기통합 등을 목적으로 보다 많은 금액을 편성

탈검찰 1호
어다공 본부장이 쓴 이민행정 리포트

ImmigrArt
이미그라트

초판 1쇄 인쇄일 2024년 2월 16일
초판 1쇄 발행일 2024년 2월 23일

저자　　차규근
펴낸이　　장성순
책임편집　장현주
디자인　　양은정
마케팅　　진병훈
인쇄　　　한솔미디어
펴낸곳　　해피스토리

주소 서울특별시 마포구 월드컵북로207, 근녕빌딩 302호
전화 02-730-8337　팩스 02-730-8332　이메일 happistory12@naver.com
출판등록 2006년 12월 6일 제300-2006-174호
홈페이지 http://www.happistory.com

ISBN　　979-11-93580-10-3
정가　　20,000원

당신의 이야기가 곧 역사입니다.